JN253373

美しい願いごとのように

河野 順子

KAWANO Junko

溪水社

はじめに

熊本大学教育学部在任中の平成二十四年から三年間併任した熊本大学教育学部附属小学校長としての任務を終えたときの離任式で、私は次のような話を子どもたちにしました。

三年間過ごしましたこの熊本大学教育学部附属小学校の皆さんともお別れのときが来ました。

体育館の横に貼っていますように、この熊本大学教育学部附属小学校は、明るい子、たくましい子、考える子を育てようとがんばっている学校なのですよ。

この附属小学校の皆さんと出会えて、いつも明るく何事にも前向きにがんばっている皆さんの姿、心優しい皆さんの姿にわたくしはいつも元気をたくさんもらいました。また、行事などを通してたくましく育っていく皆さんの姿も素敵だと思いました。

世界の教育者に与えられるペスタロッチ賞を受賞し、一生涯一教員として中学校教育にかかわってこられました大村はまさんという方がいらっしゃいます。この方がこんな言葉を残しているのですよ。「人はもうこれ以上がんばれないというようにかわいそうなくらいがんばったとき、はじめて成長できるのだ」と。

この附属小学校でたくましさをしっかりと身につけて、皆さん一人ひとりが持っている可能性を花開かせる人になってください。そして、皆さんが納得いくまで考え続けているその姿がとても好きでした。納得できないとき、「ぼくはちがって、納得できないんだけど、なぜかというと……」と考え続けていく力はこれからの皆さんたちの一生を支えていく力となるでしょう。
終了式の日にお話をしたように、たった一つでいいので、願いごと、夢を持ってください。そして、その夢をあきらめずに追い求めてください。
あなたの夢を見つめてください。一生追い続ける夢にしてください。
私が紹介した「紙風船」の詩のように、
紙風船にのせて打ち上げてください。
落ちてきたら今度はもっと高く
もっともっと高く　何度でも打ち上げてください。
美しい願いごとのように
そんな中で皆さん一人ひとりが持っているかけがえのない良さ、可能性が花開かれていきます。
あなたはあなたらしく精一杯に、一途に生きていってください。いつまでもあなたの未来を遠くから応援し続けています。

私は、この三年間、機会あるごとに詩を子どもたちに紹介してきました。本書は、最後に子どもたちに話したときにも取り上げた黒田三郎さんの「紙風船」の一節から「美しい願いごとのように」としました。

これから人生の荒波を歩み始める子どもたちを前にしたとき、この「美しい願いごとのように」という言葉は、私の願いごとのようになりました。その願いごとは、学校通信「絆」を通して、子どもたちへ、保護者の皆様方へ語る営みとなりました。一年目の九月に始めた学校通信「絆」は三十三号を最後に閉じました。

この学校通信や熊本大学教育学部附属小学校のホームページに設けられた校長のブログも毎週記事をアップす

るように努めました。それらを大切に見てくださいました保護者の皆様方、また、意外にも全国の現役の校長先生方も見てくださっていたようでした。そうした方々から、「附属小学校の三年間に記述してきたことを本にしてください」というお声を頂戴しました。私にとっても熊本大学教育学部附属小学校の子どもたちと過ごした三年間はたくさんのことを学んだ日々でもありましたので、そのときに、私自身が何を感じ、考え、子どもたちに伝えたのか、残しておくことは大切なことであると思い、お声かけいただきました先生方にも差し上げられたらと思いましたが、なかなか着手できませんで、今になってしまいました。

編集しながら、子どもたちの姿が鮮やかに浮かんできました。「美しい願いごとのように」ということばに、「子どもたちの未来が豊かに開かれていきますように。」そんな願いがあふれる毎日でした。本書には、こうして折々に話してきたこと、また、熊本大学教育学部附属小学校の校長のブログに書き綴ってきたほんのいくつかを掲載し、小学校教育に対する私の歩みと考えの一端をまとめてみました。

平成二十八年三月二十六日

河野　順子

目次

美しい願いごとのように

Ⅰ　行事を通して伝えたかったこと

一　入学式の式辞に込めたこと

熊本大学教育学部附属小学校長を拝命した平成二十四年四月に行われた入学式での式辞です。

　新入生の皆さん入学おめでとうございます。皆さんは、今日から熊本大学教育学部附属小学校の一年生です。私たち三十九名の先生と五十八名のお兄さん、お姉さん全員で、一生懸命、準備をして、皆さんが入学してくるのを楽しみに待っていました。

　附属小学校は楽しいところです。教室でいろんなことをお勉強して新しい発見をしたり、広い運動場でお友達と遊びます。また、おいしい心のこもった給食もあります。それに「遠足、体育祭、音楽会」などわくわく、どきどきする楽しい行事がたくさんあります。心待ちにしていてください。

　小学校では、たくさんのお友達をつくりましょう。お友達はどうしたらできるのでしょう?

　今から私がお話をします。どうしたらお友達ができるのか考えながらようく聞いてください。(『はじめは「や!」』香山美子作、むかいながまさ絵の読み聞かせを行いました。お話は省略します)

　このお話では、くまさんときつねさんが出てきます。くまさんがお手紙を出しにいくと、くまさんはきつねさんと出会いました。でも、挨拶はしませんでした。なぜならお友達ではなかったからです。

　その後もくまさんはきつねさんと会いましたが、やはり、挨拶はしませんでした。そんなことを繰り返していたある日、公園でくまさんはやはりあのきつねさんに出会い、どうしても挨拶をしたくなりました。そして、勇気を出して挨拶をすると、きつねさんのほうも気軽にお話をしてくれて、二人は友達になったというお話です。

くまさんときつねさんは、どうしていちばんのともだちになれたのでしょうか。そうですね。くまさんがにもつをいっぱいもっているきつねさんのことを思って、ベンチの席をそっとあけてあげた思いやりの心があったからですね。

でも、それだけではありませんね。はじめははずかしがっていた二人でしたが、勇気を出して、「や」「や」と挨拶をしました。この挨拶から二人の気持ちがことばになりました。

お友達をつくるには、①おもいやりの心②ゆうき③あいさつが大切なんですね。

さあ、皆さんも元気な明るいあいさつをしましょう。そして、たくさんのお友達をつくりましょう。

友だちと一緒に楽しい勉強も始まります。ようく考えましょう。わからなくてもすぐにあきらめるのではなくて、がんばりぬく強い子になりましょう。そうすると、何事にも負けない最後までやり抜く附小っ子になりますよ。

さあ、明日から明るく元気に学校に来てくださいね。

今からおうちの人に、お話をします。しばらく静かに待っていてください。

保護者の皆様に一言お祝いとお願いを申しあげます。お子様のご入学おめでとうございます。心よりお祝い申し上げます。今日から皆様方の大切なお子様を六年間お預かり致します。

本校では、めざす児童像として「明るい子、強い子、考える子」の三つを掲げています。これは、自他の人格を尊重し、ねばり強い心と体をもち、ものごとを追究していく子どもという意味です。

この児童像の形成をめざして、全職員一致協力して日々の教育に当たってまいります。本校では、教育に情熱を持った先生方が集ってくださっています。

しかしながら、私が申すまでもなく、子どもの教育は学校だけでできるものではありません。保護者の方々のご協力、ご支援なくして、教育効果は期待できません。

どうかお子様の健やかな成長と幸せのために、さらなるご支援をお願い申し上げます。

最後になりましたが、本日、入学式を挙行するに当たりお忙しい中、ご臨席賜りましたご来賓の皆様に心から感謝、お礼を申しあげまして式辞といたします。（平成二十四年四月十一日）

一年目の式辞の一部を載せてみました。私の専門は国語教育です。いつも願っていることは子どもの側からの学びづくりです。入学式においても、子どもたちの心に残る入学式にしたいという思いが強くありました。そこで、絵本の読み聞かせをすることにしたのです。絵本は毎年かえてみました。

二　水泳大会で伝えたかったこと

水泳大会の日、私は五・六年生の高学年の大会に参加しました。行事の一つ一つを自らの成長の場と捉えてほしい。そんな願いをこめて次のようなお話をしました。

皆さん、待ちに待った水泳大会です。

私には、小学校のときの水泳大会の思い出があります。

私は、六年生の二学期に転校しました。転校してすぐの九月、新しい学校で水泳大会があると聞きました。私は平泳ぎの選手になりました。しかし、その学校ではスタート台から飛び込みをしなければなりませんでした。前の学校では、飛び込みは危ないからといって飛び込みをするのは禁止でした。ですので、飛び込みができるか不安で不安でしかたありませんでした。一度だけ水泳大会の前に飛び込んで練習をしてみました。すると、おなかをうって水を飲んでしまいました。周りのみんなからは大きな笑い声が遠慮なく浴びせられました。私は大変傷つきました。そして、「ああ水泳大会には出たくない。」と思いました。水泳大会の日に熱が出てお休みできたらいいのに、なんて弱い自分が出てきました。そんなとき、鶴見正夫さんの一つの詩に出会いました。

前へ！
前へ！
ただまっしぐらに
前へ！
きみの前にはゴールがまつ、
きみのうしろにはスピードが残る。
単調な手足のくり返しがきざむ
栄光へのリズム。
きみがきみとたたかう

この長い道程――

（鶴見正夫「走る」）

「きみがきみとたたかう　この長い道程」、という言葉が心にしみました。弱い自分、できない自分と戦わなければ。そうしなければ何も始まらない、そう思いました。

水泳大会当日。スタート台に立ちました。水面までが遠く遠く感じて、怖くてしかたありませんでした。そんなとき鶴見さんの詩のことばが心に響いてきました。「きみがきみとたたかう」のだ。そうだ。逃げることはできない。クラスみんなで戦う水泳大会なんだから。と体中に力を込めました。

パーンというピストルの音と共に、とにかく前へ！前へ！と水をかき分けました。長い長い時間のように感じられましたが、水面へ顔があがったとき、前に人の姿はありませんでした。その瞬間、耳に届いたのは、みんなの歓声、激励の声でした。あとはみんなの声に押されるようにして残りの力を振り絞りました。

苦手だったことを一つ克服した瞬間でした。自分の弱さと戦い、それを乗り越えるすばらしさに出会った瞬間でした。そして、友の応援に励まされて自分の力以上の力をもらえた友との絆を感じた瞬間でした。

得意な人も、苦手な人も、　チャレンジです。
前の自分、弱い自分とたたかい乗り越えていきましょう。
きみがきみとたたかう　この長い道程
その瞬間を味わってみましょう。
結果より、戦う過程が大切です！

友達と力を合わせて乗り越える絆が大切です！

三　六年生一学期終業式

熊本大学教育学部附属小学校では、一学期終了後、六年生がすぐに林間学校・修学旅行へ出発します。そのために、他の学年よりも早く終業式を迎えます。就任二年目の六年生一学期終業式の言葉です。

一学期が終わりました。

児童会の仲良し会で全校をリードし、行事のたびに、また、毎日の掃除をはじめとした取り組みを通して後輩たちをひっぱってくれている皆さんの姿はたくましく、さすが六年生だと私は頼もしく思っています。

水泳大会では、きのうもお話ししましたように、一年前の臨海学校のときの皆さんの姿が思い出されました。芦北の海で全員完泳を体験した皆さんの泳ぎや態度はさすが最上級生だという団結力と粘り強さ、たくましさを兼ね備えていました。

六年生の皆さんの一つ一つの言動がこの附属小学校を支えていきます。これからもしっかりとお願いしますね。

七月二日に本校の先輩である世界的な画家の藤田嗣治展が開かれている県立美術館のテープカットに広瀬先生と、六年生の代表者三名と一緒に参加してきました。

藤田嗣治氏のお父さんは軍医でしたが、画家になりたいという藤田画伯の意思を尊重し、その夢の実現に協力してくれたそうです。後に、藤田画伯がフランスに留学した折も、父親は援助を行おうとしたそうですが、世界大戦のために連絡が途絶えてしまったそうです。そんな中、藤田画伯は、パリ・モンパルナスに集まっていた極貧の芸術家たち（ピカソやモディリアーニ、ルソーら）との交流の中で、やがて独自の画風を確立していくことになりました。

極貧の生活の中で藤田画伯が独自の画風を開いていくうえで、日本で受けてきた教育と仕事の能力、粘り強さ、構想する意欲や旺盛な想像力などの、持ち前の能力に救われたと言われています。そして、その根底を支えたのが熊本大学教育学部附属小学校時代で培った、今も本校の校風の基盤である「自主・自立・探究」の精神であったようです。

藤田画伯が本校に送ってくださった絵には「附属小学校の恩に報いるためにこの絵を寄贈します」という言葉が記されています。藤田画伯は本校で出会った先生方、友達すべてに感謝の思いをもたれていたのだと思います。

この附属小学校で過ごした先輩たちは社会の様々なリーダーとして人を大切にして、力を発揮しています。社会のリーダーとなるその過程では、様々なことにチャレンジして自分の目の前の壁を乗り越えて行かれています。

今年の始業式で、私は一年間のチャレンジ目標を考えてくださいというお話をしました。一学期の皆さんのチャレンジ目標を達成することはできましたか。

チャレンジできたことは何だったでしょうか。

そして、チャレンジできなかったことは何だったでしょうか。

自分を伸ばしていくために大切なことがあります。まずは、がんばれたこと、自分の良さをしっかりと自分自身で認めていくことです。次に、がんばれなかった自分、弱い自分をもしっかりと受け止めて、その自分と向き合い、何度でもチャレンジを繰り返すことです。

さあ、夏休みは将来の夢へ向けて、あるいは、家族のために、そして、自分自身のために、自分が乗り越えるべきチャレンジ目標をつくりましょう。

そして、その目標に向かって、「前へ！　前へ！　ただまっしぐらに」「前へ！　きみがきみとたたか」って、自分の弱さに向き合い、挫折したり、自分が嫌いになったりする経験をしてください。こうした経験を乗り越えたとき、皆さんは、強い心を育てることができるだけではなく、友だちや家族の苦しみや悲しさもわかる心やさしい人になることができます。

夏休みを終えて、九月二日に六年生の皆さんに出会うとき、皆さんが夏休みのいろいろな経験を経て、強さとたくましさを持って学校に来てくれることを楽しみにしています。結団式のときにもお話ししましたように、十六日からの修学旅行や林間学校では「自主・自立・鍛錬・協力」のテーマのもと、長崎の歴史的遺産から平和について考えを深め、これからの社会をどう生きていけばよいのかを考えてください。普賢岳登山では体と心を鍛錬し、友と協力して全員登りきる喜びを体験してほしいと思います。雲仙災害記念館では、自然の恵みと自然の脅威を感じ取り、人間としてどのように自然と共に生きていけばよいのかを考えてください。大切な思い出を作ってきましょう。

そして、二学期にある体育祭、音楽会、うさぎ狩りなど附属小学校の行事を、附属小学校の最上級生として、リーダーシップをとって、ひっぱっていってください。

四　臨海学校で

五年生になって、はじめて宿泊訓練に出ます。それが「臨海学校」です。「泳げるかな？」という泳ぐことへの不安と共に、「家族と離れてちゃんと生活できるかな？」というような不安で子どもたちは一杯です。しかし、こうした行事は子どもたちの成長を導く大切なときです。このときをのがさず、次のような話をしました。

十八日から二十日まで、二泊三日の臨海学校ですね。

みんな一人ひとり　三百メートルを泳ぎきるようにがんばりましょう。

泳ぐことができるかなあと不安に思っている人もいることでしょう。

しかし、早くから、また、日曜日にも出てきて友と一緒に練習してきた日々がありますね。先生も一緒にがんばってくださいました。友も励ましてくれました。一人ではありません。みんなの絆で乗り切っていきましょう。

一人で泳ぎきることも大切な目標ですが、みんなで声をかけあって、みんなの絆で、全員が乗り越えることができることもまた大切な目標ですね。

大きな海に抱かれ、しかし、海にのみこまれることなく、目的地目ざして、みんなでがんばっていきましょう。

ここに来てくださっている先生方も、皆さんの泳ぎを応援し、支援してくださいます。

鶴見正夫さんの詩に「泳ぐ」という詩があります。

泳ぐ

とびこむしゅん間、
水とのたたかいがはじまる。
水をとらえ
水にのり
さらにのりこえ、
きみは、いま、
トビウオになる。

「水とのたたかい」です。海とのたたかいです。そして、弱い自分との戦いです。

自分の弱さと戦ったとき、きっと皆さんは自分でも知らなかった自分の力に気づくことだと思います。

この二泊三日が、皆さんにとって新しい自分との出会いになることを祈っています。

皆さんの健闘を祈ります。

五　二学期始業式

二学期が始まりました。

夏休みは、手と足を鍛えて、頑張り目標を作って、目標を達成することができたでしょうか。

夏休みならではの挑戦もあったのではないでしょうか?

何か夏休みにやり残してしまったわすれものはありませんか?

高田敏子さんの詩に「忘れもの」という素敵な詩があります。その一節を紹介しますね。「迷子のセミ、さびしそうな麦わら帽子、それからぼくの耳にくっついて離れない波の音」夏休みはそんな忘れものをたくさん私たちに残してくれているんですね。

皆さんにもいろいろな人との出会い、出来事との出会いがあったと思います。

五年生は臨海学校で全員三百メートル完泳ができましたね。その瞬間の皆さんの歓声が芦北の海にとどろいていました。

皆さん一人ひとりの中に長い夏休みの大切な思い出が残ったことだと思います。

八月十九日には、ＰＴＡ作業でおうちの方がたと一緒に汗を流してくれましたね。

私たちの学校を私たちの手できれいにしているとき、暑い日差しの中で、頬をなでる風を感じた人もいるでしょう。草原の中に生きている虫の命を感じた人もいたでしょう。私たちの手と足を使って様々な体験をする中でたくさんの思い出が生まれましたね。こんな体験が実はいろいろな教科での学習でものごとを深く理解する力にもなっていくのです。

私のところには、合唱部の皆さんのＮＨＫ合唱コンクール熊本県大会での銀賞受賞、熊本市小学校体育連盟主催のミニサッカー大会第二位、同じく野球大会第三位のうれしい報告が届いています。何かに打ち込んだという体験、これも手と足を鍛えることによって大きな成果を成し遂げることができるのですよ。

さあ、今日から二学期です。

二学期には、一学期の始業式でお話をしたように、自分の夢に向かって目標を見付け、がんばると共に、次のことに取り組んでほしいと思います。

二学期は、異学年での掃除、体育祭、音楽会、四年生以上の人たちはうさぎ狩りなど、たくさんの行事があります。こうした行事を通して、人と競い合うだけではなくて、自分にしかない、自分らしさを発見して、みんなのために、みんなの中で、その自分らしさをどのように発揮しようかということを考えてみてほしいと思います。

今年の夏休みの間にロンドンオリンピックが開催されました。がんばる姿から多くの感動が届けられましたね。メダリストの中に、水泳の入江陵介さんがいたのを知っていますか。入江さんは、水泳をはじめたとき、クロールでいつも友達に後れをとり、泣いてばかりいたそうです。「泣き虫陵介」というあだなをつけられるくらい泣き虫だったそうです。

その入江陵介さんが、背泳ぎをはじめてから、ぐんぐんと記録を伸ばしていったそうです。クロールでは実力を発揮することはできなかったけれども、背泳ぎに出会って自分でも知らなかった自分の可能性に気付き、遂には、オリンピックという世界のひのき舞台で活躍することができたのです。

皆さんも自分でも知らないような皆さんだけの良さ、自分らしさというものがあると思います。

たとえば、走るのは苦手だけれども、掃除は丁寧に丁寧に時間をかけてがんばれる自分、ものごとを粘り強く観察することは誰にも負けない自分、などです。

二学期は、自分の夢へ向けて、目標を達成すると共に、自分の良さ、可能性を見付けてほしいと思います。

どんな新しい自分を発見することができるか、私は皆さん一人ひとりの活躍を楽しみにしています。

六　二学期　体育祭

体育祭での「校長先生の言葉」も、子どもたちに、来てくださった保護者の皆様方に語りかけるものにしたいと思いました。


今年の体育祭のテーマは「団結し、がんばる君へ金メダル」です。

今日の日のために子どもたちも、職員も力を合わせてがんばって参りました。

本番もさることながら、友達と先生と、心を合わせて勝利を目指して今まで頑張ってきたこと自体、とても意義あることです。

廊下で皆さんに会うたびに、

「校長先生、リレー選手に選ばれました。」

「チョモランマ、見てくださいね。」

「リレー選手に選ばれなくてがっかりです。」

「走るのが苦手なので、体育祭で活躍できないです。」

など、体育祭へ向けての期待と不安が交錯する声を聴いてきました。

自分と戦い、生きていることをたしかめるおのれのしるしを残すために、いどんでみましょう。参加することに意義があるというようなことではなくて、今年の体育祭では、自分の持っている力を出し切って、弱い自分と戦かい、力を出し切ってみましょう。
六年生は小学校生活最後の体育祭です。水泳大会でも紹介した詩を思い出してください。

前へ！
前へ！
前へ！
ただまっしぐらに
きみの前にはゴールがまつ、
きみのうしろにはスピードが残る。
単調な手足のくり返しがきざむ
栄光へのリズム。
きみがきみとたたかう
この長い道程――
（鶴見正夫「走る」）

弱い自分を乗り越えて、きみがきみと戦い、力を出し切ったとき、生きていることをたしかめる自分のしるしを残すことができます。
チョモランマでみんなの土台となって、みんなのためにがんばる君、応援団長としてみんなをまとめる君、応援団の一員として団長を支える君、みんなの代表としてリレー選手としてがんばる君、競技に、応援に、心を一つにしてがんばる君、みんなの演技のために係として、合奏部としてがんばる君、一人ひとりが自分らしく自分の力を出しきって、生きていることをたしかめる自分のしるしを残してみましょう。

これまでの皆さんの練習の成果をおうちのかたがたにしっかりとみていただきましょう。

最後に、本日は多くの保護者の皆様に体育祭にご参加いただきまして誠にありがとうございます。どうぞ子どもたちがかぎりない未来に向かって、人間であることのために、生きていることをたしかめるおのれのしるしを精一杯示してくれるその姿を見守っていただきたいと思います。

七　オープンスクールを終えて―国語教育サロン開催―

本年度本校のオープンスクールで国語教育サロンを私のゼミ生二十四名と共に開催しました。

このオープンスクールは算数・数学科の山本信也教授が附属小学校校長時代に附属小学校ＰＴＡの皆さんと附属小学校と大学との連携事業として始められたものです。その後歴代校長の中川教授がスポーツラボとして加わり、本年度から、国語教育サロンが加わりました。

学生たちは本サロンを楽しみに二ヶ月くらい前から授業や卒業論文、修士論文作成の合間を縫って準備を進めていきました。それぞれ自ら卒業論文、修士論文で取り組んでいる理論を根底に、子どもたちにわかりやすく、楽しめる活動を取り入れていきました。

学生たちなりに工夫を加え、国語教育の「話すこと・聞くこと」「読むこと」「書くこと」領域において、「名人編」「達人編」「超人編」に分けて取り組みました。学生たちは、楽しさの裏にきちんと理論があることを子どもたちに知らせたいと考え、それぞれ自分なりに工夫したおみやげも準備しました。そこには、この活動を通してどんな力が身につくかが絵入り、イラスト入り、ブック形式など工夫され記載されていました。子どもたちはそれを手にしてとても喜んでくれたようです。

開会式では、子どもたちと群読を楽しみたいと群読を行いました。身体から声を出すことは身体を通した理解として実はとても大切な学びです。学生たちはそのことを理論を通して学びましたので、是非、子どもたちと身体を通して声を共振させたいと思ったようです。子どもたちも大きな声を出して、学生たちの声に自らの声を共振させてくれていました。

学生たち二十四名の取り組みをすべて紹介したいところですが、その工夫は多岐にわたっており書き尽くすことができません。そこで、今回は、大学院二年の古賀洋一さんの取り組みを紹介したいと思います。

古賀洋一さんは、「読むこと」ブースの一員として授業を担当しました。自律した読み手を育成するためのメタ認知の理論の中でも現在注目されている条件的知識の育成を目指したブースを立ち上げました。条件的知識とは、こういうときにはこのような読み方を使えば良いという方略を、時と場合によって使い分けていく知識のことです。

説明的文章は、筆者が言いたいことが結論部分として文章の一番最後に書かれてあることが多く、そのことを言うために、筆者は事例を選び、言いたいことを言うための必然の論理展開（対比や時間的順序、価値の順序など）を工夫しています。子どもたちはこうしたことを三年生教材の「すがたをかえる大豆」で、結論部分と事例の順序を子どもなりに並び変えるという活動を通して学んでいきます。

次に一年生で学んだ「どうぶつの赤ちゃん」の教材は低学年教材なので結論部分が省略されています。そこで、自分が筆者だったらどんな結論を述べるのかということを筆者になって書いてもらいます。この活動を通して、子どもたちは、「どうぶつの赤ちゃん」は肉食動物のライオンと草食動物のしまうまを対比することによって、何か言いたいことがあるに違いないと、筆者の論理展開の工夫に気づいていくことになります。

こうした学習を重ねていくにつれて、子どもたちは類似文脈、異なる文脈を通して、こういうときには、このような読み方をすればよいのだという条件的知識を形成していくことができるのです。その後、古賀さんの授業では、子どもたちが複雑な文脈の文章に挑戦して、そこに埋め込まれている対比の論理展開や順序性の論理などを捉えることによって、筆者の論理展開の工夫に気づいていくという学びを展開していきました。これは「超人編」に位置づけられていた学びですが、三年生も挑戦していました。やり遂げたとき、思わず飛び上がって喜んでいた子どもの姿を見た学生たちは、学びの中でこんなふうに子どもたちが自分のがんばり、成長を見出し、喜びを味わう瞬間があるのだということを見取ったようです。今回の古賀さんのブースの根底にある条件的知識の研究は、全国大学国語教育学会でも発表し、既にいくつかの論文になっています。

三年生、四年生、M一、M二の私のゼミ生全員が今回のオープンスクールで一人一つずつのブースを担当しました。三年生にとっては、まだ三年次実習しか終えていない状況でしたが、発想豊かなブースを開催しました。子どもたちへの対応については、既に教師となっている先輩たちがアシストしてくれて、改善を繰り返しながら、子どもに学びを引き起こす授業デザインを工夫していました。

四年生たちは院に行く学生と来年四月からは教師として教壇に立つ学生たちですので、かなり堂々と落ち着いて子どもたちへの授業を進展させていました。

子どもたちの一生懸命な取り組みに学生たちも真剣そのものでした。一番難しい「超人編」を克服して飛び上がって喜ぶ子どもたちの姿に、準備に時間をかけた学生たちも、校長である私も大きな喜びとやりがいを感じとった有意義な時間となりました。

保護者の方から「もっと長くして欲しかったです」という言葉もいただき、「来年はもっと良いものにしたい」と学生たちの思いは既に来年に向かっていました。

ＰＴＡ役員の皆様、準備、運営などお疲れ様でした。ありがとうございました。

八　三学期始業式の言葉

二〇一五年の新しい年が明けました。

今日は、一つの絵本を紹介したいと思います。「りんごがたべたいねずみくん」（なかえよしを作・上野紀子絵）というお話です。

こんなお話です。

ねずみくんが登場します。このねずみくんは、とりくんがやってきてりんごをとるのを見ては、「ぼくにもつばさがあったらなあ」とうらやましがるばかりでした。その後、さるくん、ぞうくん、きりんくん、カンガルーさん、さいくんとやってくる動物たちが、次々にりんごをとっていく様子を見ながら、ねずみくんは、「ぼくも～たらなあ。」とほかの動物をうらやましく思うばかりでした。こんなねずみくんは、最後に登場したあしかくんに、「きみはそらをとべるかい？」とほかの動物のできることを並べ聞いていきます。しかし、あしかくんは、答えたのです。「どれもぼくにはできないや……」「でも　ひとつ　とくいな　ことが　ある」

このあとは二枚の絵があります。

さあ、皆さん、ねずみくんの顔、あしかくんの顔をようく見てください。

わかりますか。ねずみくんは笑顔になって一つりんごをとり、もう一つはあしかくんにあげていますね。すると、あしかくんも　笑っているようです。

ねずみくんは「あったらなあ」と他の動物のことをうらやましがってばかりいましたね。

でも、あしかくんと出会って、ねずみくんは何か大切なことに気付いたのではないでしょうか。

ねずみくんが、
きみは　そらを　とべるかい？　きみは　きのぼり　できるかい？

きみは　はなが　ながいかい？　きみは　くびが　ながいかい？

きみは　たかく　とべるかい？　きみは　ちからが　つよいかい？

と聞いたとき、あしかくんは何と答えていましたか？

そうですね。「どれも　ぼくには　できないや……　でも　ひとつ　とくいな　ことが　ある」と答えたのですね。

じつは、このお話の最後には、こんな絵があります。

（この絵本には、最後の奥付けのページに、あしか君が食べかけのりんごと、もう一つのりんご、そして、ねずみ君を　投げ上げて回している絵がついています。ものを投げ上げて回すことは、あしか君の「ひとつ　とくいな　こと」ですね）

どうして、この絵があると思いますか？　皆さん、この小さな最後の絵は必要でしょうか？　少し考えてみてください。

あしかくんが、唯一できるのは、ものを高く放り投げることですね。このとき小さな軽いねずみくんだからこそ、あしかくんはりんごのある木に向けて放り投げることができたのですよね。あしかくんができるひとつの得意なことと、ねずみくんの唯一の特徴である軽いということが合わさったとき、はじめて、りんごをとることができたのですよね。

最後の絵は、二人がそれぞれの自分にしかないかけがえのない良い面を出し合ったからこそ、りんごをとることができたということを表しています。しかも、そのりんごをねずみくんは、あしかくんと分かち合って、ふたりの顔はこのうえない幸せな顔になっていますね。

皆さん一人ひとりもあなたしか持っていない得意なことがあるのです。二〇一五年は、是非、皆さん一人ひとりが自分しか持っていないかけがえのない宝物を見付けてください。そして、その宝物を磨いてほしいと思います。

そして、その宝物を友達と出し合っていって素敵な挑戦をしていってほしいと思います。

今年はひつじ年です。ひつじは自分の温かい毛を人に分け与えて、周りを温かくしてくれる動物ですね。今年の附属小学校は、こうした温かさをたくさん出し合っていくことができるような学校にしてほしいと思います。

皆さんにとって自分しかできない宝物はなんでしょうか。友達と一緒にそうした友達の宝物を見付け合っていきましょう。

六年生は自分の夢へ向けてチャレンジの年でもありますね。夢をあきらめずにチャレンジしてほしいと思います。そして、最上級生として残り少ない附属小学校生活を後輩たちのために誰かのためにやさしく温かく包む三か月間にしてほしいと思います。

九　三学期行事　どんどやき

今日は一・二年生の大きな行事である「どんどやき」ですね。二年生の皆さんは二年目ですね。

「どんど」とは小正月といって一月十五日に村の境などで門松、竹、注連縄などを集めて炊く行事です。昔は、正月十五日は望（もち）の日と言われ、十五日は一年の境でしたから、その日を神聖にするための行事となったわけです。

どんどの火で焼いた餅を食べると、夏痩せをせず、病気にかからないと言われてきたのですね。いろんな害や災いを除く目的があったようです。

昔は、農業に携わってお米をつくり、野菜をつくって暮らしている人たちがたくさんいました。お米や野菜をつくるのには天気がとても関係しますね。日照りが続いても困ります。雨が続いても野菜などが腐ってしまって大変です。ですので、一年の農作の年占いが行われていました。こうした年占いも、小正月と言われている十五日前後に行われ、毬打（ぎちょう）を焼き捨てることが正月火祭りのけじめになっていました。

昔から、子どもたちが参加して、ある地方では、子どもたちが集まるどんど小屋が作られたところもあるそうです。ドンドという言葉は、火の燃える音をどんどんと表したところから言われるようになったとも、遠戸（とみど）と言って漢字で書くと遠い戸と表すのですが、村がほかの村と接するところで、疫病神といって病気を持ってくる神様を送る地点を表す言葉から言われるようになったとも言われています。

今でも日本には伝統的ないろいろな行事が時を超えて行われています。そうした行事について知ることも人々がどのようにくらしの中で工夫をし、生きてきたかを知るうえでも大切ですね。

今日はどんどやきをして、これから一年の災いや害を追い払いましょう。

十　卒業を祝う会（保護者の皆さんへ向けて）

お子様方の卒業式が近づいてまいりました。心よりお喜び申し上げます。

昨日のお別れ会のときに、河井翠明の「ゆずり葉」の詩を朗読しました。

そのあと、私は、卒業していく子どもたちにこんな話をしました。

皆さんの卒業は、皆さんが大きくなって、この附属小学校という学び舎で学んで小学校六年の学業を修了したという意味だけではなく、これまでのお父さんやお母さん、先生方など出会ってきた全ての人々から、そして、附属小学校の伝統や文化など、皆さんの先を歩んでこられた人々から生き方や感じ方、文化などをゆずり与えられて、その結果、皆さんの今ここにいる人格や生き方などが形成され、その節目として巣立っていくということでもあるのです。

多くのことを人から譲られ生きてきたのだと感謝で自分の歩みを振り返り、そして、皆さんが譲り受けたものを未来へつないでいってほしいと思います。そして、後輩たちへと何かをゆずり渡していってほしいと思います。

村野四郎の詩に「樹　卒業する子へ母の歌える」という詩があります。紹介したいと思います。

樹　卒業する子へ母の歌える

村野四郎

おまえが入学したときは
まるで　かよわい苗木のようだった
枝もなく　そして　葉もなかった
けれどもきょう　おまえを見るとき
大きなおどろきに胸をうたれる
おまえの幹は　しっかりとし
さしかわす知恵の枝枝
風にそよぐ　やわらかい感情の茂り

おお　この美しい成長はだれがくれた
わたしは　おまえといっしょに
この豊かな恵みに　心から感謝しよう

おまえは　まだまだ大きくなる
やがて　花を咲かせるだろう

梢は空に広がるだろう
そして　深々とした　おまえの茂みは
数しれない小鳥たちの
ねぐらになるだろう

おお　そのとき
大きな　おまえの樹のかげに
どんなに美しい夢を
わたしは結ぶだろう

お子様の卒業を間近に控えた今、保護者の皆様の脳裏には、体育祭での活躍、水泳大会、音楽祭、修学旅行、うさぎ狩りなど、お子様の成長の一つ一つに夢を結んでこられた思い出が走馬燈のように浮かびあがり、感激もひとしおであろうと思います。

今年の六年生とは、臨海学校、林間学校なども一緒に過ごしました。臨海学校で、慣れない自然の海に恐れおののいていた子どもたちが岸にたどり着き、担任の先生方と抱きついて泣いていた姿、子どもたちと汗流して上った普賢岳で見上げた青空。心にしみました。子どもたちといっしょに「原爆で亡くなった方の声が、普賢岳噴火で亡くなった方々の声が聞こえてきそうだね」と話をしたことを思い出します。

今年、私のゼミであるドラマが起こりました。

このことは昨日子どもたちにも次のように、お話をしました。

今年、心に残ることがありました。実は私のゼミ生でいつも友達のことを考え、そして、体育祭など率先して、人をまとめ、しかし、いつも、人の陰で支えているような優秀な学生がいます。入学当初から教師になりたいという夢をめざし、勉強もとてもがんばり、卒業論文は修士論文級のものを仕上げました。しかし、教員採用試験の狭き門の前で、採用されませんでした。そのときの挫折感はとても大きなものでした。いつも頑張り屋の彼もさすがに力が萎えたように見えました。ちょうど附属小学校のサロンが開催され、その準備に私のゼミ生たちは一生懸命でした。いつもリーダーとして苦労していた彼の姿を見て、ゼミ生たちが一つとなって、サロンを成功させようと立ち上がってくれました。それまで、協力することができなかった人たち、採用試験が合格したので、あとはいいよと消極的だった人たち、そういう人たちがリーダーのために、子どもたちのために立ち上がってくれました。

わたしたちは、目の前の目標を達成することでいっぱいになってしまうことがありますね。しかし、一つ一つの目標は、どういう生き方をするのかという生きる目標の一つの目標でしかないのです。結果だけではなくて、どんな生き方をするか、その過程が大切なのです。

どんな生き方をすればよいのか、その学生から教えられたような思いがしました。

私は附属小学校では校長ですが、大学では、国語教育という専門の研究者であると同時に、ゼミ生二十四名を育てている教師です。

就職難と言われる今日、教師になるのも大変な狭き門です。人生の選択に迫られ、はじめて真剣に自分と向き合い、自分の弱さに前へ踏み出すことのできない学生たちがいます。自分の足で生きることの難しさに、たじろぎ、自分の考えさえ持てない自分に自信をなくしてしまう学生たちがいます。そんな学生たちの弱さに向き合いながら、学生たちが一つ一つ自分の殻を脱ぎ捨てて、必死で成長し、自分の足で社会へと歩み出ていく姿を大学で見届けています。大学での学生たちの巣立ちと小学校六年間を経て巣立つ子どもたちを見つめながら、子どもたちが将来自分の足でしっかり社会へ踏み出すために、小学校教育はどうあればよいか、小中はどう連携がなされ、子どもの成長を長いスパンで見届けていけばよいのかと、義務教育段階の教育に思いをはせることがたびたびあります。

そして、これからの社会を生き抜くために、自分の考えを自分で表現し、論理的に他者と議論し、これからの予測不可能な時代にクリエイティヴに社会を創造する力の重要性を考えます。

一人ひとりの可能性を花開かせる教育の力を考えます。

保護者の皆様の学校運営に対する熱い熱いご協力の中に、保護者の皆様のお子様方への果てしない愛情と、本校へよせる期待がこの附属小学校を大きく支えていただいております。

こうした保護者の皆様の夢に附属小学校は応えることができましたでしょうか。

足りないこともたくさんあったことだとは思いますが、職員たちも毎日毎日、未来の教育目指して、教育への夢を紡ぎながら、一生懸命に取り組んで参りました。そして、何よりも子どもたちの成長に支えられ、教育の見果てぬ夢を歩んで参りました。

附属小学校も良き伝統を大切にしながらも、これからの予測不可能な時代を生きぬくお子さん方の教育のために新たなステップを踏み始めていかなければならないと思っております。

お子さん方が大きくなったとき、再び、この附属小学校を思い出して、お子さん方がこの附属小学校を頼りに戻って来てもらえるような、そんな学校にすべく努力を重ねてまいりたいと思います。

本日はありがとうございます。

そして、十四日卒業の日、一人ひとりのお子様方が全員、どの子をも、自分の未来に大いなる夢を抱いて本校を巣立っていくことができるよう、下中先生、広瀬先生、水上先生、六年生の先生を中心に、私ども教職員力を合わせてお子様方の附属小学校での残りの日々を大切に過ごしていきます。

十一　卒業式式辞

日に日に日ざしの温かさが増し、春の息吹がひしひしと感じられるようになりました。今日この良き日に、谷口功熊本大学学長をはじめ、多くのご来賓の皆様にご臨席いただき、また保護者の皆様にご列席をいただき、熊本大学教育学部附属小学校平成二十五年度の卒業証書授与式を挙行できますことに心から感謝申し上げます。

ただ今、百十九名全員に卒業証書を授与しました。

卒業おめでとう！

保護者の皆様も、この六年間の熊本大学教育学部附属小学校での数々のお子様との思い出が浮かんでは消え、感慨もひとしおであろうと推察いたします。皆様のお子様に寄せる愛情と本校に寄せる期待、そうした思いが本校の教育を支えて下さいました。言うまでもないことですが、保護者の皆様のご理解とご協力があってこそ、学校の教育活動を推進することができます。お子様のご卒業を心よりお祝い申し上げますと共に、保護者の皆様の六年間にわたります献身的なＰＴＡ活動に改めて御礼申し上げます。

さて、卒業生の皆さんの胸には、今、どんな思いが駆け巡っているでしょうか？

おうちの方に手を引かれて、伝統ある熊本大学教育学部附属小学校の門を初めてくぐったとき、不安と共にどきどきするような期待でいっぱいだったことでしょう。あの日から六年間、授業はもちろんですが、水泳大会、体育祭、音楽祭、うさぎ狩り、研究発表会、仲良し会の運営など、多くの行事を通して、できない自分に悔し涙を流したこともあったでしょう。人と比べて自分が小さく小さく見えて自信を失くしたこともあったでしょう。しかし、自分らしくがんばりぬくことで自分でも気づかなかった可能性に出会う喜びを感じたこともあったでしょう。そして、何よりもここでしか出会えなかった友と出会い、友から影響を受け、力を合わせ一つのことをやり抜くことの素晴らしさを味わったことでしょう。

この二年間、皆さんと共に様々な行事に参加することができました。

五年生の臨海学校では、自然の厳しさを前に海に入れず、たじろぐ姿がありました。そんなとき、練習でいっしょにがんばってきた友達、そして一生懸命励ましてくれた先生との絆があなたがたに力をくれましたね。そして、勇気を出して海に飛び込み、岸にたどり着いたとき、広瀬先生、下中先生、水上先生と抱き合って喜び、涙を流す姿もありました。

六年生の林間学校では、険しい山道を必死によじ登った先に見えた澄み渡る青空に、皆さんの笑顔が光りました。そして、どこまでも澄み渡る青空に平和が続くことを、皆さんの未来がこの青空のように澄み広がることを祈りました。

小学校生活最後の体育祭では、各団のリーダーとして声の限り応援し、力の限り演技し、全力を出し切り、がんばりぬきました。優勝できた、できなかったという結果は別にして、みんなで創り上げたその練習の過程と心の絆が、皆さんの中に新たな力を生み出した姿が今でも鮮やかによみがえってきます。

皆さんのあの時の姿を見ながら「卒業の日」の次の歌詞を思い出しました。

「僕ら　これから別々の道を歩いて　新しい日々の中で　夢のかけらを」

「つなぐたびにみんなの笑顔が　背中押すだろう。」

「僕らの明日がどんな道だとしても　それでも必死になってもがくだろう」

「夢のトビラを叩きながら溢れる想いを叫び続けるよ」


多くの行事やふだんの授業を通して、皆さんは、人生には目の前に乗り越えなければならない壁があり、努力と勇気と、そして、友人との絆がどんな大きな壁も乗り越えさせてくれることを学んだことだと思います。そして、乗り越えた力は、どんな明日が来ようとも皆さんの夢の扉を開く力として、これからも皆さんの人生を支えていくことだろうと思います。

こうして、熊本大学教育学部附属小学校の伝統と文化を引き継いできた皆さんです。

この附属小学校での思い出を胸に、皆さんは本校を巣立っていきます。

高村光太郎の詩に「道程」という詩があります。

皆さんへのはなむけの言葉として送りたいと思います。

道程
高村光太郎

僕の前に道はない

僕の後ろに道は出来る
ああ、自然よ
父よ
僕を一人立ちにさせた広大な父よ
僕から目を離さないで守る事をせよ
常に父の気魄を僕に充たせよ
この遠い道程のため
この遠い道程のため

これから未来に向かって歩み始める皆さんですが、初めから予定された道は一つもないのです。あなたがこれから歩む人生という道のりは、あなた自身が一人で創っていくのです。あなたの前には道はないのです。あなたが抱く夢に向かって、あなたの努力で、あなたの情熱で切り開いていくしかないのです。あなたがどのような生き方をしていくかによって、あなたの人生の道があなたのうしろにできていきます。

これからの時代は予測不可能な時代です。そんな時代の中で、知識や技能を獲得するだけでは、これからの人生を生き抜く力にはなりません。本校で先生方と学んできたように、自分で論理的に考えて表現し、他者と話し合い、他者の考えの中で受け入れるべきことは受け入れて、新たな社会、世界を創っていくことが重要になっていきます。そのためには、皆さん一人ひとりが大切な存在です。一人ひとりが自分の可能性を見出し、その可能性を拓いていってほしいと思います。そして、私が強く願うことは、「生まれてきてよかった、生きてきてよかった。」と誰もが思える社会を、真のリーダーとして皆さんたちの手で創っていってほしいということです。あなたの歩む道はあなたの努力で切り開かれなければなりませんが、その道は、また、他者と共に、そして、自然と共に豊かに歩んでいく道であってほしいと思います。

一度きりの人生です。人のせいにしたり、逃げたりするのではなくて、自分の弱さにしっかりと向き合い、自分の弱さを乗り越えることのできる人生を切り開いてください。人生を歩むのはあなた独りです。しかし、この独りの人生に人との絆が力を与え、夢を膨らませてくれます。

これからの将来、楽しいことばかりではありません。苦い涙を流し、挫けそうになってしまうこともあるでしょう。そんな時、この熊本大学教育学部附属小学校で学んだ誇り、どんなことにもくじけずやり抜き、そして、人との絆を大切にしたこの学び舎での日々を誇りに思い乗り切っていってほしいと思います。

熊本大学教育学部附属小学校の先生たちはみんなここであなたの未来を応援しています。

平成二十六年三月十四日

熊本大学教育学部附属小学校

校長　河野　順子

Ⅱ　校長ブログの中で紡いだ言葉

一　命をつなぐ

父への鎮魂歌

父が亡くなりました。

晩年は入退院を繰り返す日々でした。昨年十月に入院して手術をしてからは死線をさまよう日々が幾度もありました。二月の研究発表会の時、そして卒業式の日にはもう駄目だろうと覚悟を決めていました。その時、附属小学校の校長として、ただでさえ忙しく日々の教育に打ち込んでいる職員や本校のために日々ご協力いただいている保護者の皆様を煩わせるようなことのないように、密葬の形をとろうと家族と相談をし、家族も同意してくれていました。そして、その日がもしも研究発表会などの当日であったならば校長としての仕事を全うすることが仕事を全うした父に対する供養であると考えていました。

しかし、父は私が一番忙しいときを何とか生き抜いてくれ、新しい学期を迎え、始業式、入学式を終えたとき、その命を閉じました。年度当初の役員会には参加できなくなり、申し訳ありませんでした。副校長先生にお願いし、大分の父のもとに駆けつけさせていただきました。

日本が高度経済成長期の真っ只中、父は企業戦士として仕事一筋に生きてきました。そんな仕事一筋の人生を支えていたのは家庭で三人の子どもを育ててきた母でした。

その母が若くして病に倒れてしまいました。そのとき、父はちょうど単身赴任で東京本社勤務をしていました。

父が北九州市から東京へと旅立つとき、私たち子ども三人と母は社員の方々と混じって父を見送りに行きました。列車が動き始めたとき、父のまなざしは母を見つめ、ドアが閉まって列車が去っていったとき、母は涙を流して心細そうにしていました。

それから二年を経過して母が病に倒れたのでした。この入院で手術をして小康を得た母は単身赴任先の父と共に、鎌倉、箱根、栃木など旅行をしました。そのときの楽しそうで幸せそうな母と父の写真が何枚も残っています。おそらく子育てに忙しくしていた母にとって、最初で最後の父との旅行であったのではないかと思います。

その後、母の病が再発し再び入院したとき、父は単身赴任先から急ぎ戻ってきました。おそらく企業戦士として生きてきた父が昇進よりも母や家族のことを優先した選択だったのではないかと思います。そのことを私たち子どもは一度も父から話を聞いたことはありません。しかし、そうだったのではないだろうかと思います。父が単身赴任先から自宅に戻ってきたとき、母はとても心強く思ったようでした。再発の失望さえも打ち消すような希望が母の顔に浮かんだのを覚えています。しかし、そんな母の希望をよそに病は若かった母を早いスピードで蝕んでいきました。

そして、一月の雪の舞う寒い日に母は亡くなりました。

間際の母は父に向かって声なき声で「た・の・・む・・・」とことばを残しました。薄れていく意識の中で、母はこんなにも私たちのことを思ってくれるのだ、なんという母の愛だろうと私は強くその今際の母の言葉を心に刻みました。その母の声なき声を父はしかと受けとめ、「わかった。わかったから心配いらない。」と答えたその瞬間に母の命は絶えました。

棺が自宅に戻ってきたとき、父は私たち子どものそばを離れ別の部屋に行きました。しんと静まりかえった家中に父の嗚咽が静かに静かに響いたことを昨日のことのように覚えています。私たち子どもが父の涙を見た（正確には聞いたでしょうか）のは、この日が最初で最後でした。

出棺のその時、父が「世界で一番すばらしいお母さんだった。」とぽつんとつぶやいた言葉を覚えています。

母亡き後、父は一人で三人の子どもを育ててあげてくれました。

子どもたちはそれぞれ独り立ちしていきました。母が亡くなって三十余年、どんなに父はさみしかっただろうかと思います。

今から十五年ほど前、お正月に温泉宿にでも泊まってゆっくりしたいと考えた父が温泉宿に予約を入れても一人では断られてしまうと弱々しく言ったことがありました。それから私と父の一泊二日のお正月の恒例の温泉宿での旅が始まりました。もともと無口な父とそんなにおしゃべりがはずんだことはないのですが、私の唯一の親孝行であり、夫も快く了解してくれていました。そんなささやかな旅行も終わりになります。

熊本大学に赴任してからは、時間ができれば父のもとに行き、父と共に過ごす時間を持ちました。入退院を繰り返し、足が弱くなった父のスピードに合わせ、ゆっくりゆっくり道を歩んだことを思い出します。日ごろ忙しく日々を過ごしていく中で、その時間だけはゆったりとした時間が流れていきました。そんな時間がいとおしく思われます。

あんなに仲睦まじかった父と母がやっと天国で会えるのだと思います。父の枕元に姉弟三人で母と二人で写った鎌倉旅行の写真を入れました。天国でお母さんにすぐに会えますように。

お父さん、ありがとう！

やっと愛するお母さんに会えますね。お母さんのいなかった三十余年のお父さんの思いをたくさんたくさんお母さんにお話をしてあげてください。

お父さんとお母さんから受け継いだ命を大切に私たち姉弟三人は生きていきます。

私の人生の時間もあと幾何残されているのでしょうか。残されている時間を見果てぬ教育への夢を紡いでいきたいと思っています。

附属小学校の子どもたちがこれからの社会を生き抜く力を育てるための教育を先生方と共に実現していきたいと思っています。

教育という社会を支える大切な教師という仕事に多くの学生たちが夢を持ち、児童・生徒の生き抜く力を育てることのできる力のある教師を育てていきたいと思います。

二　六年の子どもたちと見上げた普賢岳からの青空

七月十六日から三泊四日の六年生の修学旅行・林間学校が実施されました。

その中で、私の中で最も思い出に残ったことが子どもたちとの普賢岳登山です。登山直前六年生の子どもたちから「校長先生にインタビューです。登山は頂上まで行くことのできる自信はありますか？」と尋ねられました。正直日ごろから運動不足のため、運動する機会がない中では、「自信はありませんが、六年生のみんなと一緒に自分の弱さを乗り越えて普賢岳頂上でまたみんなと出会いたいと思います。」と話をしました。

登山道は登山ガイドさんのもと安全に気を付けながら進んでいきました。しかし、道は岩などがごつごつとしており、急な下り坂があるかと思うと急な登り坂が表れるというふうに起伏が大きく歩くのが難しい道のりでした。

　子どもたちも歩くのに大変苦労していたようです。急な下り坂に怖くなって足がすくんでしまって一歩が踏み出せない人もいました。励まし合い、手を貸し合い、一歩一歩、歩を進めていきます。一番の坂道はロープなしには下ることのできないような急なものでした。ロープをギュッと握りながら、悲鳴もあげながら、子どもたちは一生懸命まだ見ぬ頂を目指していきます。少し平坦な道になると子どもたちの中から自然に歌声が生まれていきました。先を進む一組のみんなから、二組、三組のみんなへ向けて「おーい。」という励ましの声が聞こえます。その歌声や声を聴きながら、後に続く人たちは勇気づけられました。最後が一番の難所の三十分から四十分かかる急こう配の登り坂です。足場もあまりなく、上手に出ている小さな岩場を足場にして、先に見える岩を握りながらでなければ登れないような急斜面でした。ここでは、何度も足を止めて先に進めなくなる子どももいました。

　木々で覆われている道々からは頂を仰ぎ見ることはできず、子どもたちは何度も、

「あとどれくらいで頂上ですか？」

「まだですか？」

「もう歩けません。」

と弱音を吐き出しました。そして、最後うんと踏ん張って顔をあげたとき、真っ青な青空が顔を出し、頬に頂のさわやかな風がさわり、色鮮やかな山々の緑が目に染みました。

「辿り着いた！」

という感激が体中からあふれ出た瞬間、私の耳に入ったのが、

「わあ、校長先生だあ。」

という子どもたちの驚嘆の声でした。

「私たちと一緒に登ってくださったんですね。」

「すごい。」

と子どもたちから褒められてしまいました。

しばらくは普賢岳からの景観に見入ってしまいました。澄んだ空の向こうに長崎の原爆投下で亡くなった人々の声が聞こえてくるようでした。雲仙岳大噴火で命を失った人々の声も聞こえてくるようでした。

澄んだ青空に平和を、自然と人間との共生を思い、願い、考えました。

普賢岳の頂上で写った子どもたちとの記念写真は私の人生の中でも大きな思い出になりそうです。

目の前にある困難を乗り越えたとき、人は一回り大きくなっていくことができると思います。

夏休み真只中、普賢岳登山という一つのことを成し遂げた六年生が、次なる自分の人生の目標を設定し、たくましく乗り越えていってくれることを願っています。

長い夏休みを有意義に！

三　校長先生、まだ解決していないから、納得できるように解決したい！

今、本校では、教員による授業研究会がスタートしています。各学校でもそれぞれの学校が掲げたテーマをもとに授業研究会が開始しています。

先日あるクラスの授業のときに、授業後すぐに子どもが駆け寄ってきて、

「校長先生、まだ解決していないから、納得できるまで解決したい！」

と話しかけてきました。そして、今日の授業で読み取ったこと、でも、まだ読み残っていることなど、自分はまだここは納得できていないのだということを一生懸命に話してくれました。すると、そこに居た他の子どもたちも口々に自分の今の読みとそうではない読みとを比べながら話をしてくれました。

こうした発言がでてくるということは、授業が子どもにとって充実したものであったということです。そして、子どもたちが解決しきれないという思いが残るのは、学び方を十分に意識して使い切れていないことではないかと思いました。授業が子どもたちの生きて働く力を育てていくためには、どのように学べばよいのかという学び方（教師の教材研究としての「教科内容」の精選、方略（手続き的知識の育成））と、授業を振り返らせ、どんな学びができたのかをメタ認知する力を育てていくことが重要です。

本気で子どもたちが思考し、判断し、表現していく授業づくりのためには、教師が子どもの事実と教材で教えるべき内容（教材内容、教科内容、教育内容）を捉えるという教えるべき知識・技能の精選が必要です。

「大造じいさんとガン」であれば、教材内容として「残雪に対する大造じいさんの心情の変化を読み取ることができる」が設定されます。この教材内容を読み取るために、教科内容として「大造じいさんの言動から心情を読み取ることができる。大造じいさんの視点から捉えた情景描写や残雪の描写からも大造じいさんの心情を読み取ることができる。色彩語、比喩表現に着目して大造じいさんの心情を読み取ることができる。第一場面から第四場面までの大造じいさんの心情の変化を読み取り、それと第四場面の大造じいさんの心情の変化を比較して大造じいさんの心情の変化の意味を読み取ることができる。」というような方略（手続き的知識）を意識した読み取り方を教師がきちんと把握することが重要です。そのうえで、こうした教科内容を読み取らせるために、どの根拠である表現に着眼させればよいのかを明確にしていくことが大切です。

たとえば、四の場面で、「なぜ大造じいさんは銃をおろしてしまったのだろうか。」という課題が子どもたちから出されたとします。これを解決するために、どのような学び方（方略）を導いていくのかを教師は持っておく必要があります。まず、一番子どもたちが注目しやすいのは、課題である「なぜ大造じいさんは銃をおろしてしまったのだろうか。」の根拠である表現に注目させることでしょう。このとき「銃をおろしました」と「銃をおろしてしまいました」とではどう違うのかなど、根拠である表現にしっかりと着眼させたいと思います。そうすると子どもたちから「銃をおろしましただと自分の意志でおろしたという感じだけれども、『銃をおろしてしまいました』だとおろそうと思わなくておろしてしまったのだと思います。なぜかというと、このとき大造じいさんは自分のおとりのガンさえも助けようとしたその残雪の姿に心を打たれたからだと思います」と発言がでるでしょう。このとき、教師は、板書に「銃をおろしてしまった」とおとりのガンを助けようと戦っている表現を子どもたちから引き出し「残雪の目には敵も味方もありませんでした。ただ救わねばならぬ仲間の姿があるだけでした」の根拠である表現を線で結ぶなどの工夫をしたいと思います。この教師の手立てによって、自力では関連づけができなかった子どもが、「なるほど、大造じいさんの行動と大造じいさんが見た残雪の描写を結び付ければ読みは深まるのだ。」という方略を獲得していくことができます。こうして、他の子どもたちは、「ぼくも『銃をおろしてしまいました』の根拠に注目しましたが、理由が違います。ぼくは、一の場面から三の場面の残雪に対する大造じいさんの心情がわかる根拠と関連づけて考えてみました。皆さん、一の場面から三の場面まで大造じいさんは残雪のことを『いまいましく思っていました。』などと思っていましたよね。そんなじいさんが自分のおとりのガンを救うために自分の真っ白な羽を『ぱっぱっ』と落としながらも戦っている姿を見て、自分がとても情けなくなってしまったから銃を下してしまったのだと思います。」と子どもが発言します。この子どもは一の場面から三の場面までの残雪に対する大造じいさんの心情の変化がわかる根拠である表現を関連づけるという方略を活用して、理由づけを豊かにしたのです。

このように異なる理由が交流されるためには、その理由を引出すための方略を同時に子どもの中に育てていくことが知識・技能の習得活用を目指した論理的に考え、表現する力となります。

理由づけの質が高まるということは、読み取り方である方略を豊かに育てていくことと関連していくのです。そして、もちろん、理由づけに子どもたちの体験である既有知識や既有経験が関連されたとき、その読み取りは実感を伴うものへと高まります。そして、この既有知識の中に、前に学んだ学び方が生かされると学び方が子どものものとして息づき、生きて働く力へと高まっていきます。

こうした学び方が自分のものになるためには、振り返り（メタ認知）の活動が大切です。授業の最後に、「今日の授業では、気付かされたこと、発見したことを書いてみよう。」などと働きかけていきます。この発見したことに、教師がねらいとして設定した教科内容から書かせていくことが大切です。

「ぼくはなぜ大造じいさんは『銃をおろしてしまった』のかを考えるとき、『銃をおろしてしまいました』の根拠しか見ていなかったけど、A君が、『残雪の目には助けなければならない仲間のすがたがあるだけです』という根拠と関連づけて発表してくれたので根拠と根拠を関連づけて読みとると理由が深まることがわかりました。」などと授業での読み取り方を振り返る（メタ認知）場を教師が設けていくことです。こうした学習の積み重ねが子どもたちに自力で学び方を学ぶ力を育て、生きて働く力となります。

四　先生方の熱き戦い―見果てぬ夢、授業研究―

本校では、現在、三年次実習が進行中ですが、その忙しい中でも、本校の研究は、研究部を中核にして進展しています。

最近公開された本校研究会で、対話型授業を実現するために「根拠―理由づけ―主張」の三点セットを用いた論理的思考力を促しながら、児童生徒に生活に生きて働く知識・技能の育成を目指している本校教員の取り組みを紹介してみたいと思います。

現在、新学習指導要領で究明されているのは、それぞれの教科で育てるべき知識・技能の精選と共に、子どもたちに生きて働く力をつけるための、教科の学びを貫いて育てるべき論理的思考力（こうした力をコンピテンシーベースの学力と言います。）の解明です。こうした課題に本校の先生方はチャレンジしています。

まず、対話型授業を目指すうえで、自己と他者の関係づくりは欠かせません。

余宮先生は、自己と他者が分離するコミュニケーション能力の育成のうえでも大切な三年生において、児童相互の対話を引出すために、関係づくりを基盤に算数科の学びを組織していました。

導入において、余宮先生は、「テープ二分の一と四分の三は、どちらが長いのだろうか。」という問題を設定し、子どもたちの素朴な捉え方を引き出したいと考えました。そのために、子どもたちがどんどん自分の既有知識や経験などをもとに、素朴な捉え方を出しやすいように、黒板前のフロアーに子どもたちを集めて学びが開始されました。しかも、子どもたちが発言するときには、友達に向けて発話できるような立ち位置を余宮先生が気遣いデザインしていました。

この余宮先生の学びのデザインを理論で説明してみましょう。三年生は発達上、自己と他者が分離する時期です。ですので、「『わたし』と『あなた』が違うのだ。だから、わかってもらうためには理由をしっかりと話さなければならない。」という思いが意識化される時期です。ですので、「わたし」が「あなた」へ開いてほしいという関係性をデザインすることが大切です。子どもたちが教科での学びでの知識を他者と話し合っていくためには、みんなへ向けての言葉をはやく上手に話させなければという意識を持つ教師が多いのですが、余宮先生はそうではありません。子どもたちがどんどん直接的対話（一次的言葉）でお話しできるように、先生が子どもの言葉を受け止め、そして、先生が子どもの言葉を他の子どもたちへ繋ぎ、子どもたちから自然にみんなへの説明の言葉（二次的言葉）を引き出せるような関係づくりの環境のデザインを行いました。こうした導入を経たあと、余宮先生は、「同じ二分の一なのに、違う長さになる理由を、テープなどを使って説明しよう。」というみんなに向けて理由を説明する学びを累積的コミュニケーション（論理的コミュニケーションの発達については、本校の著作『言語活動を支える論理的思考力・表現力の育成―各教科の言語活動に「根拠」「理由づけ」「主張」の三点セットを用いた学習指導の提案―』（溪水社）参照のこと）として形成しています。

余宮先生が子どもの発達の事実をよく見取り、子どもたちはどのように思考していくのかを見通して考え抜いた見事な子どもたちの関係づくりのデザインを土台とした一時間の学びの組織化がなされているのです。

三年生は、上述したように、自他が分離するので、他者にわかってもらおうという意欲のもと他者へ説明行為が活性化していく時期です。ですので、他者へ向けての理由づけの力を育てていくことが他者とのかかわりの中で対話を促進していくためにも重要な考える力（論理的思考力）です。余宮先生の授業では、比較の論理的思考を中核に「～だから、～です。」と理由をしっかりと述べて考えようという姿勢が育っていました。日頃から余宮先生が考える授業を願い、授業を構想していることが伝わってきました。どのような課題のもとどのような根拠である事象に出会わせていくことによって、理由づけは高まっていくのか、さらには、理由づけの質の解明を期待したいと思います。

四年生では、井上学級のように「ぼくは理由がちがって」のように同じ根拠からも異なる理由づけなどが生成され、考え合う対話が形成されていくことができます。

そして、六年生になると、原口先生の理科では、どんな根拠を準備すれば子どもたちが地層について考えを深めることができるか、子どもたちの実態をもとに、教師が見通しをもって、子どもたちに出会わせる根拠としての事実が複数設定され、そこから子どもたちの理由づけが子どもたちの生活体験と既有知識から生成されていきました。こうした子どもの思考を予想しながら根拠である事実を教師が準備していくと、授業研究を通して、さらに、子どもが本気になって考えるためには、新たな事実の準備も必要なのだという授業デザインが見出されていきます。

一年生の坂崎先生のクラスでは、根拠をもとに、読み取っていくという論理的思考力の芽生えが、先生の指導のもとしっかりと根づき始めていました。ですので、子どもたちは、根拠である表現をもとに、どんどん発表をしていました。連鎖的コミュニケーションの様相は三・四年では子ども同士がつないでいくところを目指していくことが大切ですが、一・二年はまだその段階までは難しいので、どんどん発言し、それを先生がつないだり、子どもと子どもの発言をつないでいくことが大切です。坂崎先生のクラスでは、根拠である表現から読み取ればよいのだという思考が子どもの中に育っていることが、根拠と根拠を関連づける読みまで生成していました。

島崎先生の図工の授業では、子どもたちは、「いずみ君に質問なんですけど、どういうところから（根拠）裏切っているところや大金持ちというのが伝わっているの？」「目がなんか～ので、そこから裏切っている感じがします。」と根拠を子どもみずから問いかけ対話を引き出しています。

こうした根拠である表現をもとに、教師が、子どもたちに、「みんな、夕立にあったことありますか？」「その時、どんな気持ちでしたか？」など生活体験を引き出したり、「では、なぜたぬきさんとうさぎさんは手をしっかりとにぎったのでしょうか？」「みんながたぬきさんとうさぎさんだったらどうしますか？」などと理由を尋ねてみると、子どもたちは先生に誘われながら考える授業が実現していくことができるのでしょう。こうした学びによって、子どもたちは生活体験を土台とした感性をもとに、はっきりと具体的に考えていくことができるでしょう。

外国語を担当している前田先生は、「根拠─理由づけ─主張」の三点をもとに、大学との連携を通して、言葉の教育としての外国教育の新たな可能性を引き出そうとしています。

鶴田清司先生からもご助言いただきましたように、初等教育における本校だからこそできる生活体験を土台とした感性を重視した「理由づけ」の育ちを、先生方の授業から解明されることを期待したいと思います。

昭和三十年代に対話型授業を目指していた授業づくりの神様といわれる斎藤喜博さんも、感性を大事にしながらはっきりと考えさせるということで論理的思考力を重視した学びを展開されていました。

斎藤喜博さんの全集には授業にかける教師としての生き方が伝わっています。授業研究に終わりはありません。東の斎藤喜博と並び賞される東井義男さんは、「教師は一生懸命子どもたちに教え、育てているつもりだが、その営みの中で、いつのまにか教師自身が人間として成長させてもらえるのが教育というものだ」ということを言っています。

授業研究という見果てぬ夢に教師としての生き方を重ねていきたいと思います。

五　教師の涙、子どもの涙

暑い夏休みももう後半を迎えました。

子どもたちは充実した夏休みを送ってくれているだろうかと、連日の研究会講師、学生たちの採用試験の指導、院生たちの指導の中で、夏休みとは言えない夏休みを過ごしながら、ほっとするわずかな時間に子どもたちの生活に思いをはせています。

この夏休み、私の心に残った出来事の中で、教師の涙、子どもの涙に出会ったことがあります。

その一つは臨海学校での全員三百メール完泳をやりぬいたその瞬間の広瀬先生の涙であり、それを見つめた子どもの涙です。

そして、今一つは熊本県合唱コンクールでの演奏を終えた直後の西先生、合志先生の涙であり、子どもたちの涙です。

どちらの涙にも、練習の過程を通しての先生と子どもたちの日々の格闘に思いをはせました。

泳ぐことが苦手な子どもに最後まで寄り添いながら子どもの達成を見届けた教師の涙。

県立劇場に広がり、観客たちを感動の渦に巻き込んだその達成感で肩を抱き合い涙を流し合う教師と子どもの涙。

日々の練習の繰り返しの中で、みんなで美しいハーモニーを生み出すために子どもたちを鍛えながら、教師自身も自分の限界を見つめながら、しかし、次なる目標へと子どもたちを導くために乗り越えたことがたくさんあったことでしょう。だからこそ、教師も子どもも対等に流し合える涙の中で、得たことは数知れないことでしょう。

銀賞受賞はその練習の過程への評価であり、次なる目標を示してくれる道しるべでもあるでしょう。

人生はいろいろな壁を乗り越え、自分の弱さに向き合い、一つずつその壁を乗り越えていくという営みの連続です。そして、乗り越えたとき、人は一人ではなかった、いろいろな方々の力によって壁を越えることができたのだと人との絆が自分を支えてくれていたことに感謝するのです。こうした体験こそが、人に人との協同の営みの大切さに気づかせ、自己実現と共に、社会を、コミュニティーを豊かなものにしていく努力を重ねていくことになるのでしょう。

乗り越えた、あるいは打ち込んだ思い出は子どもたちの次なる人生を支え、次なる壁を乗り越える原動力となってくれることでしょう。打ち込み、乗り越えることのできる体験を子どもたちにもたらしてくださった先生方の努力に感謝したいと思います。そして、そうした日々を支えてくださった保護者の皆様にもお礼を申し上げたいと思います。

学校行事が、子どもたちに次なる歩みの原動力となるようなそんな過程を大切にできる教師集団、教師と保護者の関係性を大切にしていきたいと思います。

大学は八月の第一週まで授業が行われており、かろうじて合唱コンクールには時間を繰り合わせて参加することができました。しかし、この暑い夏休みに教師と子どもと保護者の方々が汗を流してくださった野球やサッカーの大会には足を運ぶことができませんでした。それぞれに好成績を残してくれています。ここにも様々なドラマがあったであろうことを最後に付記しておきたいと思います。

六　論理的思考力育成の重要性

六月七日、全国附属連盟の会議がお茶の水女子大学（東京都文京区）で開催されました。文部科学省の佐藤室長のお話がありましたが、そこで強調されていたのは、やはり、日本の現代的教育課題となっている思考力・判断力・表現力の育成についてでした。

本校では、「根拠―理由づけ―主張」による論理的思考力・表現力の育成に着眼して、対話による豊かな学びを創造しようと先生たちの挑戦がなされています。

この三点に着眼していくことは、子どもの内なる学びのあり方を私たちに教えてくれるものでもあると感じています。

最近、本校の先生方の授業提案の中で心に残ったものとして、一年生の宮原先生と水上先生の道徳と算数の学びがあります。両先生の工夫ある「状況的場の設定」や「根拠を明示して理由を創出させよう」という学びの工夫のもとで、子どもたちがとても豊かに理由づけを言い合っていました。一年生の段階なので、一人ひとりがどんどん理由を言っているという段階なのですが、しかし、体験をもとにした、一年生ならではの理由づけがたくさん出てくるので、自ずと子どもたちの身体を通した感性を刺激していき、一年生なりの交流を引き起こしているのでした。この子どもたちの様子を見ながら、三年生以降の理由づけとは異なる体験を基盤とした理由づけを交流していくことが一年生の学びの可能性を開いていくと感じました。

子どもの側からの学びは、教師側の設計で満足してしまってはいけないのだと思います。論理的思考力に着眼することは子どもの内なる学びを教師が見取ることになることを改めて感じさせられました。

私のゼミの卒業生が、ある附属小学校に勤務しています。その卒業生から今年の公開授業での出来事を聞きました。一年生の「話すこと・聞くこと」の授業を行ったそうです。しかし、当日はたくさんの参観者の前で、子どもが喧嘩を始めてしまったそうです。教師として予定通りに授業を進めたいと思いながらも、この子どもの事実から学びを始めなければと思った彼女は、予定を変更して、喧嘩をやめない二人に前に登場してもらって、それぞれの思いを、理由を大切にしながら語ってもらうことにしたそうです。そうすると、「だって〜だから」「なぜかというと〜」と、喧嘩になったいきさつ、そして、わかり合えずに喧嘩になってしまった思いなどをどんどん理由を付けて語っていったそうです。そして、それを見ていた周りの子どもから「〜だから」「もし〜なら」など、一年生のこの時期の子どもたちが予想以上にたくさんの論理的思考を駆使した「ことば」を発していることに気づかされたという話をしてくれました。こうして思いのたけを語り、友達からも話を聞いた二人は最後には笑顔になって席に戻っていったそうです。

子どもにおこった事実をみんなと共有し、話し合いを通して精一杯お互いの思いに気づかせようした学びは、授業者である彼女自身にも、また参観していた先生方にも、一年生の子どもたちが、実は、こんなに論理的に考え、語り合い、思いを言葉を通して感受し合いながら、コミュニケーションを行っていくのだという子どもの学びの事実に気づかせてくれたのだろうと思います。そして、その場に参加されていた中学校の先生が、「あなたのような学びが子どもの側からの学びだと思う。あなたの学びを中学校の先生に見せたかった。」と言ってくださったそうです。

現在、社会構成主義による学習観では、子どもの内側で広がるものとして学びを捉えています。教師が外側から設計した授業で終わってしまっては、この子どもの内なる学びにまで届きません。教師が何をやったかということも授業づくりにおいて大切です。しかし、もっと大切なのは、教師のあるいは他の子どもたちの働きかけによって子どもに内なる学びがどのようにおこったのかの究明です。教師が何をしたかという設計だけに満足してしまうと、こうした子どもの内におこる豊かな学びに私たちは気づかないままに終わってしまいます。

七 「音読」の重要性

始業式の日、今年も子どもたちが自分らしさを精一杯に花開かせて、元気で成長していってくれたらという思いを持ちながら、校門に立って子どもたちを迎えました。「おはようございます。」という元気のよい子どもたちの声が私の心にぐいぐいと力を与えてくれました。子どもたちが発する「おはようございます」の言葉のなんと力強く、弾んでいることか……。

私は毎月出す学校通信に詩を掲載しています。あるとき、一人のおばあちゃんがこう言ってくださいました。「校長先生が書いてくださる詩を毎月孫と一緒に読み聞かせ、声に出して読んでいます。言葉一つ一つが孫の心に響いていっていることを感じます。」

四月、教室開きの各教室から子どもたちの輝く声が聞こえてきます。

音読は話すこと聞くことの根底の力となるだけではありません。音読の重要性については、脳科学者の川島隆太氏も、

「わたしは、これまで数百の実験をして脳のはたらきを見てきましたが、実はこの音読のときほど脳が活性化している状態を見たことがありません。」と述べているところです。

親も教師も日常生活のさまざまな場面で、子どもたちの音読を楽しむ聞き手になれたら、子どもたちの感性や表現力はさらに豊かに耕されていくことになると考えます。

それなのに、家庭での子どもに対する音読や読み聞かせの意識や実践には、大きな差があります。子どもたちにとって情感を通わせることができる本との出会いがないことは、家庭教育における大きな損失であると思います。

北方綴り方の実践者として「村の一年生」などの著作がある土田茂範氏のご自宅に伺ったときがあります。残念ながら土田氏は前年に亡くなられていましたが、教師として生きた父の跡を継ぎ、教師となったご子息が語ってくださった一つのエピソードが心にしみました。教師として忙しく生きた土田氏との思い出の中で忘れられな

いのは、夕食後、父が膝の上に抱えてくれて読み聞かせてくれたことだというのです。父の膝のぬくもりを通して、言葉にふれあい、父のぬくもりを通して対話が引き出され、物語の世界の楽しさは、父の読み聞かせの声のぬくもりであり、父との対話の楽しさであったというのです。

各教室で、各家庭で、音読や読み聞かせの声が一年を通して響き、子どもたちと言葉との豊かな出会いが生まれていくことを願い、期待したいと思います。

八　子どもの側からの学びを立ち上げる帯単元の考え

本校が取り組んでいる対話型授業における学びには、子どもたちが他者と関わり合い、「わたしの言葉」で語り合う教室文化づくりが欠かせません。そのためには、帯単元を導入することが効果的です。人間関係づくりはもちろんですが、スキーマ（知識の枠組み）づくりにおいても、帯単元の考え方は重要です。

熊本県教育委員会の委嘱で、学力向上に関する研究に取り組んだ玉名町小学校の岩本龍二先生（現・熊本県立教育センター指導主事）は、国語の授業において子どもたちが「根拠」をもとに理由づけし、主張するという論証の力を育成するために、四月から、国語の授業において「根拠」となる表現に着目できるための手立て、五月から六月にかけて、自分の主張を述べるときや友達と話し合うときに理由を考えることの必要性に気付かせるための手立て、というように重点化・系統化を図って取り組まれました。いわば、「根拠―理由づけ―主張」による論証能力を高めるための帯単元づくりです。こうした取り組みについては、来たる三月一日の学習指導要領シンポジウム第四弾（熊本大学教育学部四附属と熊本大学教育学部との連携事業、熊本県教育委員会後援、熊本市教育委員会共催）でも参加者の皆様と話し合いたいと思っております。多くの先生方のご参加をお待ちしております。

ところで、日本国語教育学会の『月刊国語教育研究』〈No.496〉に、小田迪夫氏（大阪教育人学名誉教授）は次のように書かれています。長くなりますが、そのまま引用します。

「論理は万国共通である。天に達するバベルの塔を建てようとしたノアの子孫たちは、神の怒りに触れ、互いにことばを通じ合わせることができなくなった。その結果、人類はさまざまの言語を持つようになったという。神は人間の言葉をばらばらにしたが、しかし、思考のコードは壊さなかった。そのおかげで、われわれは異言語を使う人々と言語の変換操作を行えば、コミュニケーションをはかることができる。日本社会の国際化に応じる教育の改善策の一環として、論理的思考力の育成が重要視されるようになった理由の根源は万国共通の論理的思考の普遍性にある。

国際化社会に必要なコミュニケーション力は、伝えたいことを相手にわからせるだけでなく、相手を納得させる力を持った言語表現力である。その表現をかなえる論理的思考は自分の考え・主張を、それが成り立つ根拠をあげ、理由をつけて述べる論証の思考形式をとる。本誌の二〇一三年三月号に、熊本大学の河野順子氏が『論理的コミュニケーション能力を育てる学習指導計画』と題して、その指導理論と指導法を述べておられる。緊密にして堅牢な論述である。その中で、河野氏は、論理的なコミュニケーション能力の発達のために育てるべき論理的思考力を、小学校低・中・高および中学校の四段階に分けて示している。注目すべきは、低・中・高を通して軸となる思考形式が、例えば「根拠となる事実を捉える力」（低学年）、「根拠となる事実を解釈・分析して理由づける力」（中・高学年）「因果関係を捉える力」（低・中学年）というように能力化され、いわゆるスパイラル方式で反復学習されるように設定されていることである。思考形式は反復によって学習者のスキーマとなる。この河野論文は、論理的思考学習の要諦は反復にありというテーゼをあらためて強く認識させてくれる」（一頁）

こうした帯単元のような取り組みの一つとして、今年の仲良し集会で、私は三回連続して、「根拠―理由づけ―主張」の論証能力を子どもの側から育てるための講話をしました。私のゼミ生も協力してくれて、リアルな学びの状況の中で学ぶことができるような帯単元を工夫しています。（「仲良し集会」の章百十六頁～百二十八頁で紹介します。）

九　学びを創造する①

昨年の十二月二十一日に第二十一回日本国語教育学会熊本支部大会が開催されました。今年も三百人を超える先生方、大学生、院生たちが集まってくれました。保護者の皆様にもご参加いただきまして誠にありがとうございました。

今回の公開授業は、熊本県マイスター教員のお一人である吉本清久先生が担当してくださいました。教材は四年生の「初雪のふる日」です。本校の四年一組、井上伸円学級の子どもたちを対象に授業が展開されました。子どもたちの発言は、前年の大会における「モチモチの木」の授業の時から一年を経て、理由づけの質が高まっていることがよく伝わってきました。思考方略を生かした理由づけ、生活経験をふんだんに取り入れた理由づけ、他者の理由づけを検討する理由づけなど、その質の高さに井上先生と四年一組の皆さんが、「根拠―理由づけ―主張の三点セット」をもとに学習に取り組んできた成果が表れていました。つまり、論証し合いながら他者との対話が成立し、そこから、自己内対話が生成され、新たな意味が創造されようとしていました。助言者の鶴田清司先生もそのことを指摘されていました。

これからの授業研究は見栄えのよい授業の形にとらわれるのではなくて、子どもたちの発言の質を高めていくようにしていかなければ、「活動あって学びなし」の授業に陥ってしまうことになってしまいます。大切なのは、子どもたちが本気で考えた結果、質の高い発言が生まれているかどうか、そして、子どもたちが学び合っているかどうかであり、そこに着目して授業研究が行われるかどうかということです。

吉本先生は、十月と十一月の「国語教育湧水の会」の二回にわたる教材研究、模擬授業を経て、今回の授業提案をしてくださいました。

教材「初雪のふる日」は、四年生の一番最後に位置づけられた物語教材です。四年生は発達段階からすると、作品世界の中で登場人物とともに生き、考えるという「同化的読み」から、作品の全体を客観的に見つめる「客観的読み」が育つ時期です。この時期に、作品の読後感がいかに生まれるのか、構成や表現の仕組みはどうなっているのかという「批評読み」が本教材の目標となっていることは重要です。

吉本先生は当初、「根拠―理由づけ―主張の三点セット」という理論をもとに、これまでの自分の授業をなんとか一歩でも子どもの側からの学びにしたいという願いを持って取り組まれました。

最初の教材研究の会では、吉本先生の構想は、登場人物の心情を読み取るということに何とか「三点セット」をあてはめて考えようというものでした。この構想を聞いた学生たちから「心情の読み取り」だけが読後感ではないのではないか、せっかく「三点セット」を用いるのなら、もっといかに書かれてあるかという批評読みの視点からこれまで学んできた読み取り方（方略）を着眼点にして、様々な読後感を交流し合ったほうが「三点セット」を活用した学びになるのではないかという意見が出てきました。

また、アーギュメント理論を卒業論文で研究している学生から、「現在のアーギュメント理論では、他者との対話を通してどのように理由づけを豊かにするかが課題です。一人が三点セットをどう使いこなせるかだけではなく、むしろ、他者とのかかわりを通して、どの表現（根拠）からそのように思ったのか？　理由をもっと考え合いたい。」というような交流にすべきだという意見もでました。

吉本先生がマイスター教員である所以は、こうした学生たちの意見にまっすぐに向き合い、ご自身がまだ「三点セット」を十分に理解していないことを謙虚に受け止められる学び続けるご姿勢にあると思いました。熟達した教員の一つの特徴として、メタ認知力（自分を振り返る力）が発達していることがあげられます。学生たちの意見を柔軟に取り入れる姿勢が印象的でした。「自分は三点セットを勘違いしていたかもしれません。もっと勉強してきます。授業を根底から作りかえてきます。」という言葉を残して帰っていかれました。よく言われるように、「すぐれた教師はずっと学び続けることができる教師である」ということを改めて、学生たちも私も、吉本先生から学ぶことができました。

現在、学びの理論の中で、社会構成主義を理論とした他者とのかかわりの中で生活に生きて働く知識・技能を生成するための注目すべき概念として、「専有」（アプロプリエーション）があります。このアプロプリエーションを引き起こすために重要な要件があります。それは、他者の意見を受け入れるということです。このことがなかなか難しいのです。児童・生徒が生活に生きて働く力を育てるためには、他者の意見を受け入れることができなければなりません。そして、他者の意見を受け入れ、自己の既有知識や経験との間に葛藤が引き起こされて初めて、「なるほどそうか」という実感や納得をともなった学び（アプロプリエーション）が生成されるのです。

　これは、教師の成長にも言えることだと思います。他者の考えの受け入れができなければ、理論を十分に理解していないのに、「これは役に立たない」とか「理論よりも授業で勝負だ」というようなことになってしまい、いつまでたっても自己流の授業から脱皮できないということになります。教師としてこういうふうにすると子どもは伸びるという信念や方法、ないし自分流の教育観をもつことは大切です。しかし、それが本当に妥当なものなのかどうか慎重に吟味する力が教師になければ、子どもたちが学力や生きる力を身に付けることができなくなる恐れがあります。子どもは教師を選ぶことができないのです。その妥当性をチェックしたり見直したりすることができるのが理論の役目です。現在、教育学部において教師になる学生たちにつけさせたい重要な能力は、理論と実践を統合することができる力です。理論は授業を豊かにし、自らの授業を客観視する力を育てます。ただし、その理論が自らのものとなり、それを自分流の授業に実現するためには時間がかかります。この時間との格闘があってはじめて理論と実践の統合はなされていくのです。最初は時間がかかりますが、こうした生みの苦しみ（教師としての葛藤）を経ると授業が見えてきます。理論と実践の統合がおもしろくてしかたなくなっていきます。授業の事実によって理論も創り直されていくのです。ここが教師の専門的力量形成のうえで重要なのです。

　吉本先生は「分析批評」の理論についても勉強されており、それをもとに自分流の授業を作り上げて来られた方なので、理解も早いと感心しました。

　二回目の国語教育湧水の会では、模擬授業をしていただきました。一回目とは全く異なる批評読みへ向けての授業を考えられているのがさすがだと思いました。人物の言動、情景描写、色彩など読みの着眼点を根拠として批評読みを行われていました。ただ一つ気になることがありました。子どもたちが読んでいるけれども読んでいない点はどこかを見極め、とっておきの「なぜ？」を教師の側から用意していなかったことです。つまり「揺さぶり発問」です。そこで、私のほうから本教材で子どもたちに新しい発見をもたらすのは「よもぎ」に代表される春の描写ではないか、これまでリフレインされてきた冬を表す表現との対比を引き出す、あるいは揺さぶるなどの工夫をしてとっておきの「なぜ?」を引き出すと子どもたちが本気で考える学びになるのではないかと助言をさせていただきました。

大会当日、吉本先生は、もちろん飛び込み授業という制限された中で限界はあったと思いますが、「根拠―理由づけ―主張」をもとに子どもの側の学びを実現したいという願いのもと、新しい学びの可能性を提案してくださいました。

授業研究会後の吉本先生の発言が印象的でした。

「根拠―理由づけ―主張の三点セットを一年間通して勉強して授業づくりを試みてみました。その結果、この三点セットは学級の子ども同士を結び、人間関係を育むと共に、考えを育む、そんな可能性を実感することができました。これをもとにもっともっと子どもの側からの学びを実現していきたいと思いました。」

この言葉には、理論を学び、それを実践と往復しながら、自分なりに理論を応用し、学びを創造しようとする熟達者としての教師の取り組みの試行錯誤の重さがこもっています。おそらく吉本先生は、今後、実践を通して、この三点セットを実践理論として活用、進化していかれるのだろうと思います。そうした取り組みが実践を確かで豊かなものにしていくのだと思います。

「根拠―理由づけ―主張」を中核にした授業は全国の学校で広がっています。そして、この理論から様々な学びが創造されています。「学びを創造していく」こと、これこそが授業者が勝負すべきところです。そして、そこには、理論がきちんと息づいているのです。

先日、ある教育関係者の方と話をしたときに、「トゥルミン・モデルにせよ、分析批評にせよ、昔の教師たちはよく理論を学んでいた。そして、そこから、自分なりの工夫ある授業を生み出していた。そういう先生が少なくなっているのではないかと思う。単発的なアイデアではない、理論をもとにした授業がなくなってしまうと教育を細らせるのではないかと思い不安だ。」という話をされていらっしゃいました。その方は、道徳の授業を追究するために国語教育の輿水実理論、分析批評などの理論を学んできたと言われていました。

　これからも理論と実践の望ましい関係を追究していきたいと思います。

十　学びを創造する②

　私が小学校現場で教師をしていたときのことです。「大造じいさんとガン」の授業で、「なぜ大造じいさんは銃をおもわず下ろしてしまったのだろうか?」という課題で子どもたちの学びを立ち上げたいと考えました。

　そのころ、わたしは子どもたち一人ひとりにはその子なりのテクストへの向き合い方がある（つまりは子どもなりの「論理」がある）のではないかと考え、それぞれが自分の読みの観点である（大造じいさんの言動から読み取る。残雪の描写を見ている大造じいさんの視点を重視して読み取る。比喩表現や色彩表現を大切に読み取る。作品構造を捉えて読み取る。さらには、読みの苦手な子どもには、各場面の設定である最初の一行を大切に読み取る。大造じいさんの言動の中でも様子を表す副詞や助詞に込められた意味を読み取る。など）、如何に書かれてあるかという根拠である表現のあり方への着眼の仕方が子どもによって異なることに気づきました。そして、子どもが一人ひとりの読みの着眼点からテクストに対峙し、その異なる読みを教室という学びの空間において、出し合い、自分とは異なる観点から読みを開いていった他者と対話させたいと考えていました。こうして、子ども一人ひとりに自分の読みの限界に気づかせ、葛藤を引き起こし、自己内対話を形成し、子ども一人ひとりに新たな読みを創造する学びをデザインしたいと考えていました。そして、それぞれの読みの観点からの追究はそれぞれの読みの方略としても息づき始めました。

どのように交流すると、そこに他者との対話が引き出され、子ども一人ひとりにテクストと自分が対話したときとは異なる自己内対話が引き出されるのかということに苦心していました。（詳細は、河野順子（二〇〇六）『学びを紡ぐ共同体としての国語教室づくり』明治図書参照）

ですので、どうしたら、他者にわかってもらえるのかということ自体を授業の中で子どもたちと一緒に話し合いました。

そこで、子どもたちから、最初に出された大切にしたいことは、やはり、根拠である表現を共有する工夫でした。読みの観点が異なるので、根拠である表現が異なるわけですから、それを、まず、共有してもらわなければ、他者の読みを内化することはできません。だから、説明のときには「いかに書かれてあるかという根拠を大切にしよう」ということになりました。

次に、異なる読みを共有するために必要なのは、対話の場をどう教室の中にデザインしていくかということです。子どもたちが他者に向けて自己の読みを表出するという「わたし」と「あなた」という自己―他者関係を教室の学びの場に創り出す事が必要です。

そこで、子どもたちとの話し合いを通して、単元を貫く目標を「伝え合おう、この感動を！五年二組感動発見探検団報告書を作ろう！」と設定しました。つまり、一人ひとり異なる感動を語ろう、しかし、そのとき、感動はいったいどこからどのように生み出されたのか、自分の感動をこの小学校の伝統をひきつぐ後輩たちに、図書館に報告書をおいて使ってもらおう。そのためには、後輩たちにわかりやすく報告しようという最終目標を明確にしたのです。そして、この最終目標に向けて、後輩たちにわかりやすく自分の感動のありようを伝えるためには、まずは、クラスの他者である友達にわかってもらえるように表現しようという学びの場が設定されました。こうした学びの場を形成するためには、学習指導過程の中の第一次はとても大切です。

　こうした第一次の学びを経て、必然的に友達にわかってもらうために子どもたちはどのような表現こそが有効かということを考え始めました。根拠を明示することは勿論です。ここで、子どもたちが工夫したのが、理由づけの質なのです。これまでの学習の積み重ねの中で、教室文化として、子どもたちは自分たちの生活体験を引き出すと他者を説得できるぞ、わかりやすくするためには、例をだすといいぞ、根拠は一つよりも場面と場面とを関連づけるとわかりやすいぞ、など理由づけのあり方を学び取っています。さらに、登場人物を関係図としてあらわすとわかりやすいなど、他者を説得するため、他者にわかってもらうためにという場のデザインこそが、理由づけの質を子どもの側から高めることができます。しかし、そうした場を設定することは教師の指導力なのです。

　この学びで出された一人の子どもの発言を以下に示します。発言は一人のモノローグで閉じることなく、また、語りかけるのは他者である「あなた」（友達）です。こうした関係性の中で、子どもの発言が生成されています。根拠を実線、理由づけを波線、主張を点線で示します。

伸一　大造じいさんはね。こういう感じの図を描きました。これが大造じいさんとおとりのガンとしてください。これが残雪です。それで、大造じいさんはここなんです。大造じいさんは銃を構えています。大造じいさんは残雪を撃とうとしていました。だって、今までに忌々しいとか、大造じいさんは残雪に対して、お前なんか絶対に殺してやる、忌々しいとか憎しみの気持ちがあったと思っていたと思います。

C　でも、そういうとき大造じいさんは、十七ページの最後から二行目に「ぐっとじゅうをかたに当てて、残雪をねらいました。」というふうに、絶対今がチャンスだ。撃ってやるという気持ちがあったと思うんですよ。だけど、なぜ撃たなかったのかというと、ここが普通の人というラインね。だから、言えば、残雪は、まあいい人ということになるかな。自分の仲間だったら助ける、敵だったら助けないというそういう位置をこの真ん中のライオンとしてください。大造じいさんが今思っていることは、残雪は自分の敵になるはず、本当だったらおとりとして使われていたこのガンはこう大造じいさんのもとに行ったら、もちろん残雪たちもこうついてくるんですよ。それで大造じいさんは撃って残雪を殺すはずなんですよ。だけど、そういうやり方、だからこのおとりのガンは、つまり、このおとりのガンは残雪の敵なんですよ。わかる？わかる？わかりますね。

C　はい。

伸一　残雪にとって、こいつは敵なんですよ。

T　なぜ？

C　大造じいさんに目をつけられて、大造じいさんのところに行くようになったからです。

C　でも残雪にとっては敵だけど、大造じいさんにとっては味方

C　残雪をとろうとして仕掛けた。

伸一　で、大造じいさんがそのとき思ったのは、今、残雪はもしこれが敵でもスパイでもない味方だったとしたら絶対に動けると思うんですよ。みんなでも助けるよね。例えば親友が、なんかヤクザとかにおそわれそうだったら、逃げるとしても、逃げる人は結構おると思うけど、まあ助けるよね。

C　ええ。

伸一　まあ助けるとしよう。まあ、ヤクザが怖いからという人もおるかもしれないけど、正義心のある人は絶対助けようと思うんですよ。だけど、例えば、僕とひろしくんが友達ということで

C　ええ？

伸一　まあまあまあ例、ひろしくんとようすけくんはライバルということで、ライバルというか敵ね、いつも喧嘩ばかりしてる。たろうくんとこうすけくんが、じゃあヤクザみたいな感じで

C　ええ？

伸一　そしたら、もし僕がやられそうだったら、ひろしくんは友達だから助けに来てくれるんよ。でも、もし、ようすけくんだったら、敵だからひろしくん、その場でどうしますか？ようすけくんがやられています。でもようすけくんは敵です。大嫌いです。

C　でも、人として助けると思います。

C　ええ？本当？

伸一　今の、この残雪の考え方で、もし普通の人なら、もし恐がりだったら、ようすけくん敵だから、いいよいいよ。勝手にやられとけばって、そういう気持ちになると思うんですよ。でも、残雪は、ひろしくんの言った通り、同じガンとして、仲間として、助けようという気持ちがあったら、普通に人よりも上なわけですよね。でも、大造じいさんは、助けてくれているのに、撃とうとしているとか、卑怯として、下ですよね。残雪よりも。だから、この残雪よりも大造じいさんは下ってことは、卑怯な大造じいさんは鳥以下ってことでしょ。卑怯な大造じいさんは鳥以下っていうことだから、そのときに、大造じいさんは、卑怯だから、残雪に、こう撃とうとしている自分がばかだってことや、なんて情けないんだろうとかそういう気持ちがあったから、気持ちが変わったんですね。

他者である友達にわかってもらうために、伸一は、残雪と大造じいさんの三の場面の行動を根拠として、関係図に示し、理由づけとして、①前の場面での「忌ましく思っていたこと」と本場面を関連づけ、②自分の生活の中での、「普通の人」「良い人」という価値基準（自分の仲間だったら助ける、敵だったら助けない）を持ち出し、③普通だったら殺すはずという考えに対比して、大造じいさんの行為は異なっていたという比較の論理も持ち出し三段階に及ぶ理由づけを行いました。さらに、もしみんながと仮定の論理を持ち出し、他の子どもたちが自分の生活体験を引き出さずにはいられない状況をつくり出し、さらに、あなたの問題ですよと例えばということで、具体的に他者である友達に本テクストの中で生きるような状況を創り出した。こうして他者である子どもたちに切実に大造じいさんのおかれている立場をイメージ化させたと考えられます。その結果、伸一が出した主張はおそらく多くの子どもたちに新たな学びとして内化され、一人ひとりの子どもに新たな読みを創造させる契機になったと思われます。

「わたし」と「あなた」の切実な関係を教室の中に創り上げるという教師のデザイン力のもと、子どもたちは、他者へ向けて理由づけを駆使し、そこに、他者との抜き差しならぬ学びの場を形成し、イメージ豊かな読みが、説明行為としての論証能力のもと生成されたことになります。

十一　対話型スピーチで生み出された感動

大学の授業で学生たちに「ちょっといい話」という課題で対話型スピーチをしてもらい、それについてグループで対話をしてもらいました。毎年、この活動を通して、多くの感動が生み出され、学生たちが対話することの意味や重要性に気付いていきます。

今年生み出された感動の中に、小学校時代の「ちょっといい話」がありました。これについて紹介したいと思います。

ある男子学生は、小学校時代とても素敵な女の子Aさんがいて、ある日、その女の子に、「好きだ」と告白したそうです。しかし、その女の子から「好きな人がいる」と言われました。しかも、その人はなんと彼の親友のB君だったそうです。そこで、彼の初恋は、あえなく失恋となってしまったそうです。

ある日、そのB君がAさんに、とても厳しい口調で「おまえなんか大嫌いだ。」というように文句を言って、外に出て行ったそうです。そこで彼は、「なんてひどいことを言うんだ。B君に注意しなければ。」と思って、あわててB君を追いかけたそうです。そして、B君をつかまえて、「B、どうしてあんなひどいことをAさんに言うんだ。Aさんはとてもいい子じゃないか。」と言うと、そのB君は泣きながら、「だって、Aさんは引っ越ししまうんだ。そして、ぼくたちはこれから会えなくなってしまうんだ。お互いに好きな気もちをひきずったままだと引っ越した先でAさんが悲しい思いをするので、二人の思いを断ち切るために言ったんだ。」と言ったそうです。それを聞いた彼は、「なんて彼女のことを深く思った、いいやつなんだ。」とB君を改めて親友としてすばらしい人物だと認めたというのです。

彼がこの話を終えると、ほかの学生たちから思わず、「おお」「わあ」「すごい」というような歓声が沸き起こりました。

私は彼の話を聞きながら、小学校時代にも子どもたちはこんな素敵な出来事に出会い、人との関係を深めているのだなあと思いました。そして、附属小学校の子どもたちも、毎日の生活の中でたくさんの素敵な出来事に出会い、人と出会い、成長しているのだろうなあと思いました。

こんな生活の中の「ちょっといい話」を語り合い、一人では出会うことのない、友達の経験を共有していくような小さな対話の場を生活の中に位置づけることで、私たちの見方・考え方はひらかれていくのではないでしょうか。

大学生たちが、この「対話型スピーチ」を体験すると、「私の話を受け止めてくれる人がいてくれることがこんなにすばらしことだと知った。」「友達から質問され、それに答えることによって、私が言いたかったことはこういうことなのだ。」ということに気付かされたという感想がたくさん出てきます。意外と学生たちも、他者とのかかわりで言葉をつむぐ体験は学校生活の中でなかったようです。

ヴィゴツキーは、コミュニケーションを外の回路と内の回路の二つからなると考えています。他者とのかかわりを通して、受け止め、受け止められる体験を通して、子どもたちの内なる「わたしのことば」は発露し、そして、それを他者にわかってもらうように外なる言葉として「わたしのことば」は鍛えられていくのです。そして、外なる回路の言葉が他者に伝わっていくためには、その一つの重要な要素として、論理的に組み立てられた言葉が必要なのです。そこから他者との間で新たな感動が生成されていくのです。

十二　対話力の育成を！

1　他者のまなざしを得ることの重要性①

現在の学校教育を支える制度的カリキュラムである学習指導要領の根底には、ＯＥＣＤの研究プロジェクト「コンピテンシーの定義と選択の理論的・学年的基礎」が抽出したキー・コンピテンシーという学力の考え方が流れています。これは、個人の人生における社会の発展に貢献するために、「すべての個人」にとって「幅広い文脈」で役に立つ能力とされている力です。その内実は、①社会的に異質な集団で交流する力、②自律的に活動する力、③道具を相互作用的に用いる力です。つまり、国際的な視点から、自分の考えをしっかりと持った上で、さまざまな人々と対話・協調しながら生きていくための知識と技能が求められているのです。

子どもたちは、多様な価値観のもとに異なる考えを持った人たちと共に社会を生きていくことになります。考えがぶつかることもたくさんあるでしょう。そんなとき、否定するばかりでは何も新しいものは生み出されません。考えを出し合いながら、新たな考えを生み出していくような力が必要となります。

先日、熊本県教育委員会の学力向上委員会がありました。私は委員長を務めていますので、議題を進行していました。

この時、先にあげたキー・コンピテンシーが話題にあがりました。この学力の一つに社会的に異質な集団で交流する力があげられています。こうした力の一つに対話力というものがあります。日本人は会話はできるけれども、対話は苦手だとよく言われます。

新学習指導要領では、本格的な対話というものが取り入れられています。本格的な対話というのは、他者の発言を無視するのではなく、いったん受け入れて、他者との関わりの中で、もっとよりよい考えはないのかとお互いに考え合い、吟味し合い、新たな考えを創り出していく営みです。

現在、授業においても対話を実現するために、いろいろな教科で工夫を行っていますが、自分の主張は言うけれども、他者の発言を受け入れることができない子どもたちの問題が話し合われました。もっとこうすべきだという意見が出されると、自分にとって否定だとしか受け取ることができないので、他者は責めるけれども、自己のあり方を捉え直すということができないという訳です。

対話力の根底には、人の考えを受け入れ聞き取る力の育成が欠かせません。そして、その上で考えを吟味し合い、よりよい考えを生み出すことのできるような営みが大切です。

こうした対話力を育成するために、大人である私たちがまずは対話をする力をつけることが必要でしょう。意見の異なる他者を単に否定するばかりではなく、あるいは、自分の価値観を絶対視するばかりではなく、私とは異なる考えを突きつけてきた「他者」の考えに耳をすませ、いったん受け入れてみる。その上で、吟味し合い、受け入れるべきことは受け入れ、疑問点は出し合い、変えるべきことは変えていく。

その意味で、授業においても、「付け足します」「同じです」という発言ばかりではなく、子どもたちが私とは異なる「他者」の言葉に出会い、私の考えは本当にこれでよいのか、もっとよりよい考えはないのか、〇〇さんの発言の意図は何なのか、と「他者」の発言に立ち止まり、自らの考えを見つめ直し、新たな考えを生成していくことのできる「対話」が求められるのではないでしょうか。

つまり、キー・コンピテンシーの三番目の力である「道具を相互作用的に用いる」ことによって、真の「対話」が生まれていくのです。

授業の神様と言われる斎藤喜博氏は、子どもを変革するような学びを形成するためには、とにかく「ゆさぶる」ことだという言葉を残しています。その意味をかみしめてみたいと思います。（学校通信「絆」第三号）

2　他者のまなざしを得ることの重要性　②

体育祭の練習真っ盛りの休み時間。一年生の男の子が二人、芝生のところで、背中を向け合いながら、この世もないというくらいに泣きながら、思いをぶつけ合っていました。

「おまえなんか大嫌いだ。」

「なんでそんなことするのか。」

と相手の悪いところを激しく指摘し合いながら、攻撃し合っていました。どうしたのだろう。一人の思いを聞いてみようと私が近づこうとすると、一人の男の子がやってきました。そして、一生懸命に二人に話しかけ始めました。

「○○くんだったらどんな気持ちになる？」

私は近づくのをやめて、子どもたちの行動を見守ることにしました。

「でも、○○は勝手だから嫌い。」

と一人の子どもが答えました。

すると、近づいていったその子は
「でもね。○○くんがそんなことを言われたら悲しいでしょ。もっと違うことを言ったほうがいいよ。まずは、二人とも謝ろう。」

その言葉を聞きながら、きっとこの子はおうちの方から兄弟げんか何かをしてしまったときに、「あなただったらどんな気持ちになるの？」と問いかけられる経験をたくさん積んできたのではないだろうかと思いました。

B・バックレイは、他の人々と関係を作るもとになる能力として、「心の読み取り（マインド・リーディング）」という概念を用いて、これを他者の視点や見え方から状況を考えるときの基盤と捉えています。

コミュニケーション能力が育成されるのは、「わたし」と「あなた」が区別され始める三歳頃からであると言われます。この頃は、子どもにとって日上の人、つまり、お母さんやお父さんがまだ十分に言葉を発することのできない子どもの言葉を受け止めて、「パッパ」と言えば、「パパが帰ってきたね。よかったね。」と言葉を補ってくれて、コミュニケーションが成立していきます。

やがて、子どもたちは保育園や幼稚園に行って、同じ年代の子どもたちと接するようになります。そうすると、今までは、「わたし」の言葉を補い、わかってくれた「あなた」ではなく、「わたし」の大事なおもちゃを黙って奪い去っていくような憎き「あなた」が登場してくるわけです。子どもはまだうまく言葉を発して説明できないので、はじめは、泣きわめいてわかってもらおうとするのですが、それでも、わかってくれない「あなた」になんとかわかってもらおうと言葉を発していくときに、飛躍的にコミュニケーション能力が発達すると言われます。いずれにしても、「わたし」に対峙する「あなた」がいてこそコミュニケーション能力は発達していきます。

二〇〇五年の中央教育審議会答申の「子どもを取り巻く環境の変化を踏まえた今後の幼児教育の在り方について」において、幼児の発達や学びの連続性を踏まえた幼児教育の充実の観点から、幼児教育と小学校教育との連携を強化・改善することが強調されました。具体策として、五歳児を対象とした「協同的な学び」が推奨されました。答申では、協同的な学びとは「幼児どうしが、教師の援助の下で、共通の目的や挑戦的な課題など、一つの目標を作り出し、協力工夫して解決していく活動」を指すものと定義しています。みんなと協同して一つのお城を作るとき、もしも、「おい、それをとれ」などと乱暴な言葉を発したら、他の子どもは言うことを聞いてくれなかった、あるいは、それを契機に喧嘩になってしまったなどの体験を経て、子どもたちは、こういうことを言うと、友達はいやな気持ちになるのだな、お願いするときには、丁寧に言わなければならないのだというような「他者のまなざし」を内在させていくことができるようになるのです。こうした「他者のまなざし」を獲得してはじめて、先ほど述べたような「心の読み取り（マインド・リーディング）」ができるようになるのです。

こうして、幼稚園・保育園時代、子どもたちは、友達同士で「わたし」と「あなた」の直接的対話（一次ことば）を行っていきます。ところが、小学校に入学したとたん、「皆さん」と「みんな」へ向けて言葉が発せられるようになっていきます。これは間接的対話（二次的ことば）となり、これまでに一次的ことばでの対話に親しんできた子どもたちにとってはとても難しいコミュニケーションとなります。笑い話としてよく言われるのは、教師が「皆さん」と言っているのを聞いて、入学間近の子どもは「皆さん」という子がいて、自分には関係ないと思っている子どももいると言われています。

発達心理学者の岡本夏木さんは、「一次的ことばから二次的ことばの大きな壁を乗り越える子どもの痛みを知らない教師は失格ですよ。」という言葉を残しているほど、子どもたちのコミュニケーション能力の発達にとってこの壁を乗り越えることは難しいのです。

ですから、熟達した教師は「皆さん」と呼びかけながら、個別の子どもに関わる「一次的ことば」と「二次的ことば」の両面から子どもたちのコミュニケーション能力を育てようとしています。

家庭においても、子どもたちと直接的に関わる対話はとても大切です。核家族化が進展する現在、仕事の忙しさも加わって、おうちの方と子どもたちの対話が少なくなっていることが指摘されています。この直接的な対話を通して他者と心を通わせ、「あなた」に対しての「わたし」のことばを様々な葛藤を経ながら育てていくことが豊かな「わたし」のことばを育てることとなります。

この豊かな「わたし」のことばの育ちがないまま、「みんな」に向けての二次的ことばだけを性急に育てようとすると、形式的な話し方の「型」だけを獲得させてしまい、本当に相手に伝えたい「わたし」の思いや考えのない表面的なことばを育ててしまうことになります。

コミュニケーション能力の基盤は、「わたし」に対峙する「あなた」に向けて「わたし」の思いや考えを伝え合うことから始まるのです。その中で、たくさんの葛藤体験を経て、他者のまなざしを獲得しながら、豊かな「あなた」へ向けての「わたし」の言葉が育まれていくのです。

先の二人の子どもたちは、仲裁に入ってくれた男の子の「～だったらどんな気持ちになる？」の言葉を媒介にしながら、自らの行動を振り返り、お互いに「ごめんね。」と言って仲直りして駆けていきました。

こんなとき、私たち大人は、「～だったらどんな気持ちになる？」を発した男の子の言葉から自分の行動を振り返ったあの二人の行動の意味を認めて、他の子どもたちにも伝えていきたいものです。喧嘩という葛藤体験を経て、子どもたちは、「他者のまなざし」を得るのです。

こうして、コミュニケーション能力とは、他者との協同活動の中で新しいものを産み出したり、何かを共有・確認したりすることができる力であり、その能力を発達させるためには他者との関係性の形成という視点が必要であるということが分かっていくでしょう。（学校通信「絆」第四号より）

3　生きて働く力としてのコミュニケーション能力育成の重要性

現在、学習指導要領（日本の教育で全国で活用されている制度的カリキュラム）では、学びの根底として伝え合う力の育成がどの教科においても位置づけられています。これは、ＰＩＳＡの「読解力」ＯＥＣＤの研究プロジェクト「コンピテンシーの定義と選択　その理論的・学年的基礎」が抽出した「キー・コンピテンシー」の個人の人生における社会の発展に貢献するために、「すべての個人」にとって「幅広い文脈」で役に立つ能力とされている力です。

この力とは次の三つです。

①社会的に異質な集団で交流する力
②自律的に活動する力
③道具を相互作用的に用いる力

この三点の中で特に大切なのは、三点目の道具を相互作用的に用いる力と言えます。道具というのはＩＣＴなど様々な道具が考えられますが、教育の中で重要な道具とは何と言っても「言葉」であるということができます。人類は「言葉」という道具を獲得することができたので、高度な社会や文化を形成することができました。この道具である「言葉」を相互作用的に用いることのできる力がこれからの社会を生き抜く力として大変重要です。

なぜなら、これから子どもたちが生きる社会は、価値観も大変多様な人々とのかかわりを通して生きていくことになります。この多様な人々との考えに出会い、ああでもない、こうでもないと自己内対話を活性化させながら、もっとこうしたらよいのではないかという新たな考えなどを人との相互作用を通して創り出していく力が必要なのです。

国際的な視点から、自分の考えをしっかりと持った上でさまざまな人々と対話・協調しながら生きていくための知識と技能が求められているのです。

こうした力の育成のために、教室文化づくりが重要になってきます。

教師がどのような教室文化をつくろうと意識しているかどうかによって、実はコミュニケーション能力の育成のあり方が変わってくるのです。教師が伝授型の授業でよいと考えていれば、そこに教室コミュニケーション能力の育成の必要性はなくなってしまいます。教師が学びとは、そこにいる子どもたちが相互に人・もの・ことと出会い、自らのアイデンティティーを形成し合うような相互交流によって成り立つという社会構成主義的な考え方を持っていれば、コミュニケーションを重視した学びが現出するような教室文化づくりを行っていくことができるでしょう。

いずれにしても教師の教育に対する知見や考え方が重要なのです。

現在、コミュニケーションモデルは相互作用的な認知主義の立ち場をとります。

コミュニケーション能力とは、他者との協同活動の中で新しいものを産み出したり、何かを共有・確認していく行為ができる能力と捉えるのです。行為は他者との関係性の中で発揮され、培われるものであると捉えられています。コミュニケーション能力の発達を捉える上では、関係性の形成という視点が必要となります。

コミュニケーション能力の育成というと、コミュニケーションスキルの習得である言語運用能力ばかりにかたよって考えがちですが、教師が教室文化をどのように捉え、育てるのかという視点が重要であり、その中で、他者や対象世界との関係を切り結ぶ力・資質をどう育成するのかという視点としての情意面としての「話すこと・聞くこと」の態度形成や、「話すこと・聞くこと」の意欲面の育成が重要となるのです。

生活綴り方教師が残した記録には、かつての農村地域で話せない子どもとの関係性づくりの記録が残されています。休み時間に子どもを膝の上にのせ、農作業で忙しく子どもたちにかまってあげることのできない親のかわりに、爪切りをしながら、子どもと教師が肌のぬくもりを通してなんでも話せる関係づくりが行われているのです。こうした場を通して、子どもたちはマイナスのことも先生に話し、考え合う関係づくりが行われています。

各クラスにこれからの学びを支える教室文化づくりが行われていることと思います。

こうした教室文化づくりの根底には、家庭での親と子の豊かな対話が必要となります。まずは、子どもたちの一日の出来事を保護者の皆さんが聞いてあげてください。子どもたちの一日を受け止め、受け入れる関係性の構築が豊かな対話を生成する第一歩です。（学校通信「絆」第十号より）

十三　生きて働く力を育む学び方の獲得

新学習指導要領では、「基礎的・基本的な知識及び技能を習得させ、これらを活用して課題を解決するために必要な思考力、判断力、表現力その他の能力をはぐくむとともに、主体的に学習に取り組む態度を養う」ことが謳われています。

こうした学びを実現するためには、国語科の学びであれば、テキストをどのように読み取ればよいのかという方略（手続き的知識）を育てていくことが必要です。他教科においても、この方略（手続き的知識）の育成は重要です。

「大造じいさんとガン」（椋鳩十）であれば、授業の目標として、一般に「残雪に対する大造じいさんの心情の変化を読み取ることができる」が設定されます。そして、それを読み取るためには、国語科の教科内容として、「大造じいさんの行動やせりふから心情を読み取ることができる」「情景描写（色彩語・比喩など）に着目して大造じいさんの心情を読み取ることができる」「場面ごとの大造じいさんの心情の変化を比較して読み取ることができる」というような理解方略（手続き的知識）を身に付けさせることが大切です。

たとえば、四の場面で、「なぜ大造じいさんは銃を下ろしてしまったのだろうか」という課題を解決するとします。この課題を解決するための根拠となる表現に注目することが大切です。「銃を下ろしました」と「銃を下ろしてしまいました」とではどう違うのかなど、本文中の表現にしっかりと着眼させたいと思います。そうすると、子どもたちから「『銃を下ろしました』だと自分の意志で下ろしたという感じだけれども、『銃を下ろしてしまいました』だと、下ろそうと思わなくて下ろしてしまったのだと思います。なぜかというと、このとき大造じいさんは自分のおとりのガンさえも助けようとしたその残雪の姿に心を打たれたからだと思います。」という読み取りが生まれるでしょう。このときに、なぜかと理由をしっかりと考えさせることが非常に重要です。

こうした読み取りを大造じいさんの心情がわかる根拠となる「残雪の目には敵も味方もありませんでした。ただ救わねばならぬ仲間の姿があるだけでした」という表現とも関連づけていけば、解釈はさらに深まっていきます。こうした読みの方略を獲得させていけば、読む力がだんだん身についていきます。

自分の読みを深めてくれるのが自分とは異なる他者の読みに出会うことです。

「ぼくも『銃を下ろしてしまいました』という根拠に注目しましたが、理由が違います。ぼくは、一の場面から三の場面の残雪に対する大造じいさんの心情がわかる根拠と関連づけて考えてみました。皆さん、一の場面から三の場面まで大造じいさんは残雪のことを『いまいましく思っていました』などと思っていましたよね。そんなじいさんが自分のおとりのガンを救うために自分の真っ白な羽を「ぱっぱっ」と落としながらも戦っている姿を見て、自分がとても情けなくなってしまったから銃を下ろしてしまったのだと思います。」

この子どもは、他者の読み取りに出会うことによって、一の場面から三の場面までの残雪に対する大造じいさんの心情の変化がわかる根拠となる表現を関連づけるという方略を活用して、銃を下ろしてしまった理由づけを豊かにしています。

こうして子どもたちは新たな方略を獲得していくのです。

特に、子どもたちの既有知識・経験と結びついた理由づけがなされたとき、読み取りはより実感を伴うものとなります。生活の中で積み重ねられた豊かな体験が実は読む力の根底として働くのです。（体験には実際の生活の中での体験もありますが、読書などを通した間接体験もあります。）こうして、新たに学んだ知識・技能（読み取り方）が子どものものとして息づき、生きて働く力へと高まっていきます。

どの教科の学びであれ、何を学んだかということだけではなく、どのように学んだのかという学び方の獲得が大変重要となります。そのとき、「なぜ」を考える学びの習慣づくりが論理的に思考する力を促し、知識・技能の習得のみならず活用を図ることになります。

こうした読み取り方が自分のものになるためには、学びの振り返り（メタ認知）の活動が大切です。このメタ認知の育成についてては、次の機会に述べてみたいと思います。（学校通信「絆」第十一号より）

十四　学びを支える体験の大切さ！

学びを支えるのは、実は小さな頃から積み重ねてきた体験（教育では、「体験」と「経験」は区別をします。「体験」は一人ひとりの中に残っていくものです。それを語り合っていく活動を通して子どもたちの中に「経験」としてインプットされ、共有化されていきます。）

マイケル・ポラニーという研究者の理論に「暗黙知」という理論があります。ポラニーによるとどんな科学的な知識も、例えば宇宙船を打ち上げるというような数式においても、そこには身体を通した経験が必要であるというのです。つまり、実感としての知識を形成するのは体験を基盤とした身体に刻まれた感性であり、経験であるというのです。

現在、社会で、教育現場で重視されているのは、単なる概念的な知識をたくさん持っているというものではなくて、生活に生きて働く知識・技能です。この形成に体験は欠かせないのです。

私はある体験を重視している幼稚園において、四歳児、五歳児を対象に、子どもたちがどのように物事の因果関係を捉えるのかという論理的思考力の育成の調査をしたことがあります。すると、その幼稚園で三歳児から入園している幼児と、四歳児から入園してくる幼児とでは、論理的な思考力において、体験を重視した教育を受けてきた幼児のほうがその体験を通して物事を類推することができ、論理的思考力の発達が優れていることが見えてきました。

身体を動かす体験が豊富であれば、膨大な情報に満ちた環境から「からだ的思考」を内在するジェスチャーを行い、複雑な事象に関する情報を取捨選択して、情報を組織化していくことができるのです。こうして組織化された情報はオノマトペや比喩表現を用いて表現され、論理的思考を実感的なレベルで促していくのです。こうした知見を授業改革の知見として捉え直すと、いくら知識を詰め込んでもそれが体験と結び付いて活用されなければ生きて働く力にはならないということになります。

例えば国語科教育における「読む」ということを考えても、「読む」ということは子どもたちの既有知識や経験が働き、そこに書かれてある内容を実感として理解することができるのです。

ですので、文型や事柄を性急に覚えさせても、論理的思考力は育ちません。教材文との出会いにおいて、子どもたちの既有知識・経験及びそこから表出されたオノマトペ・比喩・ジェスチャーといった感覚的・身体的表現をいかに引き出すかということが大切なのです。

文学的文章における虚構体験にも幼児期の劇遊びやごっこ遊びの重要性が指摘されています。

しかし、直接体験には限界があります。この限界を補ってくれ、豊かな想像力や論理的思考力の育成を図ってくれるのが間接的経験としての読書体験です。

小学校時代の豊かな読書体験がその後の子どもたちの生きて働く知識・技能の育成にもつながっていくので

す。

さらには、私とは異なる他者との真剣な対話が身体を通した知識・技能の育成にとって重要なのです。（学校通信「絆」第十二号）

十五　本校附属小学校教員の挑戦

本校は、「対話で創造する豊かな知」を研究テーマに掲げて、論理的思考力・表現力の育成によってこのテーマを解明しようとしています。この究明へ向けて、本校教員たちのあくなき挑戦が続いています。

今回は、体育科の挑戦を紹介してみたいと思います。先日、教員が相互に行っている提案授業で豊田先生の授業に参加することができました。

どの子どもも運動を上手にやってみたい、実現したいと願っているでしょう。その子どもの思いに寄り添いながら、豊田先生は「こうしたらこうなるのではないだろうか」と子どもたちが仮説を立て、やってみて、「やっぱりそうか」「そうだったのか」と考え、納得しながら運動ができる喜びを味わうことのできる生涯体育を目指しています。そのために、豊田先生は、論理的な話し合い活動である「根拠―理由づけ―主張」のうち、理由づけを特に重視しています。

豊田先生のボンバーバレーの授業は、子どもたちがゲームをやってみることから始まりました。その後、アタックの打ち方についての悩みが子どもから出されました。そこで、どのようにアタックをするとよいのかについて子どもたちが話し合い始めました。この中で、豊かな理由づけがどんどん出されていったのです。

そこで出された理由づけは三つに分類されました。

まず、これまで学んできた動きのコツ（方略）に関しての理由づけです。「ボールを打つときに、まっすぐいくときはいいけど、斜めにやる人がいるでしょ。それだと力が抜けているし、コートから出てしまうから、この前の〇〇君のやりかたのように、真っ直ぐ、真ん中を打ったほうがいいと思ったから、真っ直ぐ、真ん中を打ちたい。」

次に、生活経験から引き出された理由づけです。

「バトンミントンでも、真ん中で打たないと、羽が下に落ちてしまうから、真ん中で力をいれすぎないように打ったほうがいいと思います。強すぎると、バトミントンでも下に落ちてしまうから。」

最後に、他教科（理科）で学んだ既有知識と関連づけた理由づけです。

「真ん中に当てるだけではアタックの威力は十分ではないですよね。そこで、高く跳んで、腕を後ろにそっていくと力が増すから、アタックは効果的になりますよね。」

高学年になると、他の教科で学んだ既有知識なども統合しながら、子どもたちの理由の質が高まっていき、動きとの連関の中で、「なるほどそうか」という実感が高まっていくことが子どもたちの学びからわかります。

このようにクラス全体で、「理由」を話し合ったあと、子どもたちは、グループに戻ります。子どもたちは、今話し合ったことをもとに、

「真ん中にあてることは大切だよね。でも、ぼくたちのグループのアタックが威力がなかったのは、高く跳んだり、腕を後ろにぐんとそらせたりすることが足りなかったんじゃないかな。」と他者が出した理由づけを関連づけ、総合しながら、「こうかな？」とある子どもが動きで示し、「うん。そうそう。」と確かめ合い、また、動きで確かめ合い、そのあと、コートでの運動へとすすんでいきました。

豊田先生の授業で注目すべき点は、理由づけが豊かに行われ、子どもたちがなるほどそうかという納得につながるような学びを実現しようとしていることです。例えば、「子どもたちは～を苦手としている。子どもたちが～をできるようになるためには、子どもたちから～というような理由づけが出されることが必要なのだろう。もし子どもたちからAという理由づけとBという理由づけが出されると、子どもたちの中に葛藤が生まれ、対話が引き出され、その結果、『なるほどそうか』と納得する学びが実現できるだろう。」というように、子どもたちの内面で起こっている思考を教師がていねいに見取り、予想し、授業に生かそうとしていることです。そして、このように子どもの内面に起こるであろう論理的思考を引き出すために、どのような場づくりや発問を生み出せばよいのだろうかと考えているのです。

これまで教師は授業づくりで外側の設計の方を重視してきたのではないでしょうか。しかし、子どもが学びを通して知識・技能を応用力のあるものとして獲得していくためには、子どもたちにどのように論理的思考を引き起こせばよいかと子どもの内面の学びに着眼していくことが大切です。

体育科の西村先生は、昨年度の学習指導要領キックオフシンポジウムの全体発表のなかで、子どもの学びのビデオを流してくださいました。この数分間の学びの中で、「根拠―理由づけ―主張」を交流しながら、二年生の子どもがどこに着眼して、どうすれば動きを改善できるのかを話し合っている様子がとてもよくわかりました。参加された先生方から、「論理的思考力とはいかなるものかよくわかりました。」「なるほど、あのように、根拠―理由づけ―主張を自分の論理的思考力として子どもたちが活用できることが大切だということがわかりました。」「理由の言い合いが交流を促すということがわかりました。そのためには、教師が根拠をどう共有させるのか、注目させるべき子どもたちの動き（根拠）をどう絞るのかなどが大切だということがわかりました」などのお声をいただきました。

これまで、「対話が大切」ということは多くの先生方が認識していました。しかし、どのようにすれば対話から新たな知が創造されるのかがわからなかったのだと思います。本校の取り組みによって、対象（もの・こと）と対話する、他者（ひと）と対話する、そのときに必要な論理的思考力はいかなるものかが明らかになってきています。現在、熊本市で小・中連携の取り組みを進めていらっしゃる富合小学校・中学校でも本年度から、本校が行ってきました「根拠―理由づけ―主張」の論理的思考力を各教科、小中を貫くコミュニケーション能力、論理的思考力と位置づけ、子どもの側からの学びを推進していかれているところです。

本校の提案が多くの公立校の先生方に受け止められながら、共に子どもの側からの学びを促進できたらと願っています。（学校通信「絆」第二十二号より）

十六　自立した学びを育てるために

自立した学び手を育てるために必要な能力として「メタ認知力」をあげることができます。「メタ認知」という概念は広義には「認知についての認知」という意味です。

学習指導の中で、どのようにメタ認知が注目されているかといいますと、一つには、自己調整学習をあげることができます。これは、例えば、学習において目標が設定されるとします。この目標に向けてどのような方略を用いればよいのか、あの学習で学んだあの知識と技能を使えばよいというように、学習に取り組む過程で、適切な知識や技能を選択して使い、効果をフィードバックしながら調整していくことによって学習者の方略活用や調整力を高めていくことになります。これは、メタ認知力の中でも条件的知識の育成となります。

ところで、学習指導において、「振り返り」は重要な学びの要素として位置づけられます。なぜ、子どもたちに振り返りをさせるかというと、これまでしてきた知識・技能を習得・活用させるために大切だからです。「振り返り」というと、一時間の学びの最後に位置づけられると考えていらっしゃる先生方もおられますが、それでは、自立した学び手を育てるうえで十分ではありません。

知識・技能の習得・活用を促し、自立した学び手を育てるためにも、授業の中に「振り返り」をどう位置づけるかは重要ですし、家庭学習においても、学校で学んだことを自分のことばで振り返させることが大切です。

たとえば、授業における導入で、「前に学んだ～という文章ではどんな読み方をしたかな?」「その文章では、筆者は主張を述べるために、どんな事例を出して、どんな順序で述べていたかな?」というように、前の学習で学んだ学び方や文章展開を振り返らせるという工夫のもとで、子どもたちは、「あのとき、あのように読み取ったけれども、今度の文章では、どのように筆者は文章構成を工夫しているのだろう。そして、前に学んできたどんな読み方が使えるかな?」と振り返ることができるようになります。

こうした力が育っていくことが自立した読み手の育成のうえでとても重要です。（学校通信「絆」第十四号より）

十七　学んだ知識・技能を生きて働く力に～批評的な読み方の育成～

現在、子どもたちが学校で学んだことを生活に活用することのできる力の育成が叫ばれています。たとえば、さまざまな情報があふれている今日、国語科の「読むこと」の学びにおいては、ただ文章の内容を理解するだけでなく、文章を批評的に読むことを指導していく必要があります。学習指導要領にもこうした読み方は位置づけられています。

昨年末、本校五年二組の子どもたちと一緒に、こうしたこれからの読みの形成を目指して授業を行いました。

五年生教材として「ゆるやかにつながるインターネット」という教材があります。この教材はインターネットの良い点とインターネットの危うい点が対比され、結論部分が導き出されています。しかし、その結論はこうした論理展開を生かしきれておらず、子どもたちにはわかりにくい表現となっています。そこで、「この結論部分に納得できるか」という課題を設定して、根拠となる本文中の表現および論理展開をもとに、なぜ納得できる（できない）かという理由づけをして、自分の考えを発表し合う学びにしたいと思います。

では、授業において具体的にどのような活動を行っていくべきでしょうか。

まず、子どもたちに説明的文章の基本的な文章構成について振り返らせることが大切です。子どもたちから、《説明的文章で筆者が一番言いたいことは結論部分にある。この結論部分を言うために、筆者は事例を選び、文章構成（論理展開）を工夫している》という知識を引き出し、では、この筆者はどんなことを言いたいのだろう。そのためにどのような事例が出され、どのような文章構成が工夫されているのだろうという読みの技能を引き出していくのです。

つまり、「前に学んだ知識や技能の中からどれを使えばよいかな」というように、子どもたちが既に学んできた知識や技能を使おうとすることが大切です。しかし、学びの途上にある子どもたちは、自力ではまだ十分に既習の知識や技能を引き出し、使いこなすことはできません。そこで、次のような学習をしてみたいと思います。

子どもたちと目指す目標を「説明的文章のスペシャリストになろう！」と設定しました。

まず、三年生のときに習った教材「すがたを変える大豆」を使って、文章構成の「ひみつ」を確認します。筆者は「このように～昔の人の知恵におどろかされます」という結論部分を読者に効果的に伝えるために、事例の順序を人間の手による簡単な工夫から高度な工夫という順序性（いり豆・に豆・きなこ・とうふ）から人間以外の小さな生物の力を借りた工夫（なっとう・みそ・しょうゆ）へと展開し、最後に、取り入れる時期や方法を工夫することによって作り出された事例（枝豆・もやし）という事例の順序で文章構成が工夫されています。

「説明的文章のスペシャリストになるための第一段階」では、このように筆者の文章構成にも筆者の見方・考え方・思いが込められているのだということを子どもたちと学び合いました。

子どもたちにとって文章構成も筆者が言いたいことを多くの人たちにわかってもらうために論理的に展開を工夫しているのだということに興味津々でした。そして、自分が読み取ったことをほかの人たちに納得してもらおうと友達との意見交換の際、根拠である表現や文章構成から理由をしっかりと考え発表していきました。

友達にわかってもらうために、理由づけに体験を入れたり、前に出てきた根拠である文章構成を指し示したり、はずかしがっていた子どもたちが次第に勇気をもって発表し始めていきました。

すばらしいなあと思ったのは、子どもたちが文章構成にどんな工夫があるのか、スペシャリストとしてほかの人たちにわかってもらおうと工夫しはじめたとき、理由づけにほかの友達がわかるような体験が入ってきたり、理由づけが複数になったりし始めたことです。そして、そのことを聞き合いながら、友達の発表から積極的に学び取っていったことです。

次に、「説明的文章のスペシャリストになろう！第二弾」では、四年生のときに習った教材「アップとルーズで伝える」を使って、さらに文章構成のひみつを確認しました。子どもたちは先に学んだ「すがたをかえる大豆」の文章構成と比較しながら学びを進展させていきました。このように、子どもたちの学びが与えられる学びではなく、子どもたちがもっている既有知識や既有経験をもとに出発することが大切です。

「アップとルーズ」では、筆者はアップによる撮影の良い点と悪い点、ルーズによる撮影の良い点と悪い点を対比することによって、「このように」でまとめています。しかし、この教材ではそのあとにもう一つ事例（テレビだけではなくて新聞でも制作者の意図によってアップとルーズが使い分けられている）が出され、結論部分へとつながっています。

この「アップとルーズ」の学びにおいて、アップによる撮影の良い点と悪い点、ルーズによる撮影の良い点と悪い点を対比して、まとめている文章構成のあり方が実は「ゆるやかにつながるインターネット」の文章構成とかかわるところとなります。

ですので、子どもたちは、「ゆるやかにつながるインターネット」の学びでは、「アップとルーズ」の文章構成を活用しながら主体的に学びを進展していきました。

このように、筆者は言いたいことを言うために必要に応じて文章構成をいろいろと工夫しているのだということを学んでいくと、では今度の教材ではどのような工夫がなされているのか知りたい、追究したいという子どもの意欲とともに、既習の知識・技能が子どもの中に働き始めるのです。こうした系統的な学びを創造していく必要があります。こうした学びは、理論で言うと、「メタ認知」の「条件的知識」の育成と関連が深いのです。

子どもたちの学びの実際は、ブログのほうで紹介していきたいと思います。

子どもたちの学びの事実に、子どもたちの可能性を感じ、多くのことを学ばせてもらうことのできた貴重な体験となりました。（学校通信「絆」第二十九号）

十八　私のことば

私の附属小学校の駐車場が一年生、二年生の教室の前にあるため、一年生や二年生が元気に話しかけてくれます。二年生は、教室から「校長先生、おはようございます。」と元気にあいさつをしてくれます。一年生たちは、車のところまで駆け寄ってきて、日々いろいろな出来事などをお話ししてくれます。

「校長先生、くっつけ遊びをしています。」

「それは、どんな遊びなの？」

「あのね。この草をね。くっつけたら鬼になります。」

「おもしろいんだよね。」

「どうして？」

「あのね。○○君が、滑り台にのって滑るでしょ。ぼくも、滑り台に乗るの。手にこの草を持っているから片手で、滑らなければならないし、早く滑らなければならないから、とてもスリルがあるから面白い。」

「そうだよね。」

「スリル満点。」

「そうそう。」

顔を真っ赤にして汗を流しながら、次から次へと一生懸命に話してくれる子どもたちの表情は輝いています。

私は、子どもたちが作り出す遊びの面白さと、遊びを通して、必然の場において、理由づけまでなんなくお話ししていく子どもたちの言葉の力強さと確かさに心打たれる思いがしました。

こうした必然の場を、学びにおいて創り出すことが大切だなあと改めて思いました。

そして、こうした、子どもたちが自分の思いをこめた「わたしの言葉」の育成の必要性を思いました。

九月十四日、福岡教育大学において九州国語教育学会が行われました。私のゼミからは院生が四名発表しました。M二の二人の発表を聞いてくださった他大学の先生方が何人も「学生たちが育っていますね。」と声をかけてくださいました。

二人の発表テーマはそれぞれ、「『専有』を引き起こす説明的文章学習指導に関する一考察」「『自己効力感』に着眼したコミュニケーション能力の育成についての一考察―学習者『ひかり』の学びを中心に―」です。

二人の発表には、力のある教師になるために、理論と実践の両面から教育を考えなければ、考えていきたいという二人の教育への熱い思いが込められた言葉が生成されていました。質問に対して答えるその言葉にも、誠実さがありながらも、将来の教師を夢見ながら、テーマに関わってきた努力と信念、願いがこもった借りものではない、力強い「わたしの言葉」が表現されていました。

懇親会のときの二人の言葉が印象的でした。

「こうした発表の機会をいただけることはとても貴重なことだと思っています。私たちは河野先生のご指導のもと、教師目指して、理論だけではなくて、実践からも学んできました。子どもたちを育てていくことのできる力のある教師になりたいという一心でがんばって取り組んできました。こういう教育に関して九州各地で取り組んでいらっしゃいます先生方や院生の皆さんとお話ができることも大変うれしいことです。今回いただきました質問やご意見をもとに、さらによいより研究にしていきたいと思っています。」

「今日いただいた質問やご意見は貴重なものです。帰ったらすぐに今日のご意見をもとに自分の修士論文をよりよいものにしていきたいと思います。」

ストレートマスターが理論を学び、臨床的研究によって、理論と実践の統合を目指していくことはとてもハイレベルの取り組みとなります。そうした取り組みに果敢に挑み、できない自分に誠実に向き合ってきた二人です。ときには、助言をすぐには理解できず、実行できない自分の情けなさに悔し涙を流したこともあります。しかし、あきらめることなく、学び続けたその結果が、力強い「わたしの言葉」を生成しました。

この二人の努力に拍手を送りたいと思いました。そして、あくまでも謙虚に、真摯に他者の助言に耳を傾けながらも、芯のあるその姿勢を頼もしく思いました。

教師として共に学生と歩みながら、学生たちのその成長に、教師としての大きな喜びを味わわせてもらうことができたひとときでした。そして、ふと、私は、この二人のように、誠実に、しかし、信念を持って、「わたくしの言葉」を表現できているのだろうかと、日々の自らの言葉をふり返らされました。

Ⅲ　保護者と学校をつなぐ学校通信「絆」に込めた思い

①「絆」第三号（平成二十四年十一月五日）

いち日に何度も……

高田　敏子

お母さん
いち日になんどもあなたの名を呼んで
月日は流れる
小さな悲しみも　あなたに告げて
小さなよろこびも　あなたに告げて
私たちは育った
お母さん　こおろぎが鳴いている
もう　秋なのね　お母さん

お母さん
いつどこにいてもあなたを思って
時が流れる
いつかやがて　おとなになる日が来ても
いつかやがて　離れて住む日が来ても
私たちは甘える

お母さん　背くらべしましょう
美しい秋の空　お母さん

秋が深まってくると、私は、いつも高田敏子さんの「いち日に何度も……」の詩を思い出します。「いち日になんどもあなたの名を呼んで」「小さな悲しみも　あなたに告げて　小さなよろこびも　あなたに告げて」「お母さん」と一日に何度も母の名を呼んで私たちは大きくなってきたのです。

私の母は若くして亡くなりました。幼い頃、大人となった今では小さな出来事でも、小さな心には重く、悲しくて、しかし、そんなことも母に告げて、母の笑顔に接していると小さなことに思え、次の日は元気になっていたものです。

子どもさんと一緒に声に出して読んでみてください。

お母さんと一緒に読んだその詩の言葉の響きは子どもたちにお母さんのぬくもりと共に、心に残っていくのではないかと思います。

②　「絆」第六号（平成二十五年二月三日）

人はいろいろな困難に出会うと、自信を無くしてしまい、その責任を他者に向け、問題から逃れようとしがちです。あるいは、内面にはちゃんと力を持っているのに、外界に、人に臆病になってしまい、自分の力を出しきれないままに、自分の可能性を引き出せずに終わってしまうこともあります。私たち人間はみんなそんな弱さを持っているのでしょう。

私が小学校の教師だったとき、七回最上級生である六年生を担任し、卒業生を送り出しました。その時、必ず子どもたちに紹介した詩が「人間に与える詩」（山村暮鳥）です。

いろいろな出来事の中で、自己の責任から逃れ、争い事が絶えなかったとき、あるいは、一つの挫折から自信を無くしてしまった子どもたちを目の前にしたとき、あるいは、自分さえよければそれでいいという自己中心的な世界に逃れる子どもたちを目のあたりにしたとき、あるいは、担任としての不甲斐なさに教師として自信を失くしそうになったとき、私は「頑丈な樹幹をへし曲げるような大風の時ですら　まっ暗な地べたの下で　ぐっと踏張っている根があると思えば何でもないのだ」という言葉に出会わせ、その一つ一つから目をそらさずに、現実に向き合い、考え合い、子どもたちと共に教師である自分も成長していくことができるような願いを込めてこの詩を読み合いました。

そして、そのたびに思ったものです。「子どもたちが生き抜く太い根を育てることのできる教師になろう。」「そのためには現実にちゃんと向き合い、自分たちの足りないところを見つめ合える関係性をつくろう。そして、よりよいものへと創り上げていく努力をし合える組織づくりをしよう。」「そして、何よりも教師である自分自身が人としての太い根をつくろう。」と。

六年生だけでなく、それぞれの学年が一年のまとめのときを迎えています。この詩を心に刻んでほしいと思います。

③「絆」第五号（平成二十五年一月九日）

新しい年、二〇一三年が幕を開けました。

本年度最初の詩を「みち４」（谷川俊太郎）にしました。「まよわずに　ひとすじに　とりたちはとおいくにへととんでゆきます」の言葉のように、子どもたちがそれぞれの道（目標・未来）目指して、「まよわずに」、「いそがずに」、「おそれずに」、力強く歩んでいくことを祈り、念じながらこの詩を始業式の日に子どもたちと一緒に読みたいと思います。

現在は予測不可能な時代であると言われます。この予測不可能な時代に、子どもたちが社会を生き抜く力を育てる教育を目指していかなければなりません。子どもたち一人ひとりが未来へ向かって、それぞれの個性を花開かせながら、自己実現し、社会のリーダーとして社会貢献を果たせていけるような力を育てていかなければなりません。

改めて教育に関わるものとして、その責任の重さを感じます。

附属小学校、中学校間での新しい枠組みでの連絡入学の取り組みも始まります。

本年度も教職員一丸となって、子どもたちのための子どもたちの教育に邁進して参りたいと思っております。どうぞよろしくお願いいたします。

ＰＴＡ役員の皆様はじめ保護者の皆様にも大変お力添えをいただき、本校教育活動が推進しておりますこと心より御礼申し上げます。何卒、子どもたちの未来のためにご協力のほどよろしくお願い申し上げます。

教育に関わる私たちが、責任ある、子どもたちに恥じない言動をとりながら、学校全体で子どもたちを見守り、育てていくことを心より念じております。

④「絆」第八号（平成二十五年四月八日）

平成二十五年度の新学期が始まりました。

子どもたちは新しい先生方と、そして、友達と出会いました。

始業式のときに、「あいさつ」の詩を子どもたちに紹介しました。

子どもたちにこんな話をしました！

今日は平成二十五年度の始業式です。三月二十九日にはお世話になった先生方との別れがあり、悲しく、さみしい思いになりましたね。しかし、今日は、新しい先生方との出会いもありました。今年一年を元気に歩んでいきましょう。

昨年の一学期の始業式では、「つぼみ」という詩を紹介しました。

そのとき、校長先生は、夢を叶えるためには、願いをこめて一つ一つのことに取り組んでいかなければならない。そんなとき、かなえるぞ！というもう一度燃える思いを持ち直し、努力して、はじめて、さくらのつぼみが花開くように夢も花開くのですよというお話をしました。

今年は、壺井繁治さんの「あいさつ」という詩を紹介したいと思います。（詩は省略）

クラス替えがあってもなくても、先生とそして友達と平成二十五年度という新たな年を迎えて「しっかりやろうぜ、ことしも！」と握手をしてみてください。知っている友達とも握手をして新たな出会いをしてみてください。

クラス全員で握手をしてみてください。手と手との温みを通して、挨拶をし合ってみてください。手の温みを通して、お互いに、よし今年もがんばろうという思いがあふれてくると思います。

昨年度の終業式のときに、私から、今年一年チャレンジする目標を考えておいてくださいというお話をしましたね。

チャレンジ目標を考えてきましたか？

友達と握手をしながら、チャレンジ目標をお互いに伝え合ってみましょう。考えてきた人は是非私にも教えてほしいと思います。校長室にお話に来てください。

私の今年のチャレンジ目標はみんなとたくさんお話すること、そして、もうひとつは理事を務めている全国大学国語教育学会で研究部門委員に推薦されたので、私の専門である学びにおける「対話」研究及び、方略研究（簡単に言うと、学び方の研究です）、現在はメタ認知研究における条件的知識の研究が方略研究の中でも一番新しいホットな研究です。こうした研究に一層力を入れていくことです。

さあ、皆さん、今年一年友達とした握手の温みを大切に、友達との新しい絆をつくりながら、チャレンジしていきましょう。

⑤「絆」第九号（平成二十五年五月七日）

五月新緑の美しさに心もなごむ季節となりました。

宮澤賢治の作品に「やまなし」という作品があります。

小さな小さな谷川の世界を小さなかにの視点から描いた作品です。命溢れる五月と十二月を対比した作品です。通常五月と言うと新しい命が芽生える世界と私たちは思っています。その世界の中で、魚から食べられるクラムボンという生き物がいて、その魚もカワセミから食べられてしまいます。そんな世界をたとえばカワセミが魚を食べる瞬間には「鉄砲玉のような」など豊かな比喩表現や情景描写で描いています。

こうした五月に対して、十二月の世界は、やまなしが熟して、自分の生を全うしたその命を与えるかのように落ちてきたその後は「トボン」という表現で表れています。

おそらく作者賢治が望んだ世界は争い合う世界ではなくて、豊かな自然がその恵みを自然に与えてくれるようなそんな十二月のような世界だったのでしょう。しかし、その世界は「二枚の幻灯」として描かれているところに語り手の切ない願い、思いを私たち読者は読み取ることができます。

美しいものは私たちの身の回りにたくさんあるのでしょう。しかし、毎日の忙しさの中で、見失ってしまっているのでしょう。その美しいものをすなおに感じとる心を、持ち続けていきたいですね。谷川徹三が「美しいもの」という詩の中で言っているように、心がけひとつで、われわれは、どんなにでも毎日の生活を、ゆたかに、楽しくすることができる。

それは人の生き方であったり、子どもたちの純粋な感性であったり、様々なものでしょう。

その美しさを見出していくことのできる心の余裕をもっていたいものです。その美しさを語り合っていきたいものです。

⑥「絆」第十号（平成二十五年六月四日）

今月の詩は、岡村孝子さんがお父さんを亡くされたときに作られた詩「Forever」です。六月は父の日のある月です。亡くしてみてはじめて、「二度とは始まらないあなたの時計を抱いて　ひとりで立ちすくんで　静寂（しじま）を彷徨（さまよ）う」そんな思いに気づき、その存在の大きさを知ることが私たちの人生にはあるものです。

子どもたちにはいつも見守ってくれているお父さん、お母さんのまなざしを感じてほしいと思います。そして、命という灯火を燃やすことの尊さをあらためて感じてほしいと思います。そして、「瞳閉じれば　どんな時も　微笑みを投げかけてくれた　あなたは私の心に生き続ける」というような人を大切にし続ける心をもってほしいと思います。

五月の仲良し集会でも、『葉っぱのフレディ――いのちの旅――』の読み聞かせを通して、受け継がれていく命の大切さ、誰かのために尽くしてその命は生き続けることのできるものであることを子どもたちに話しました。

（詳しくは校長のブログをご覧ください）

⑦「絆」第十一号（平成二十五年七月一日）

今月の詩は、鶴見正夫さんのスポーツ・シリーズの詩を紹介します。

走る

鶴見　正夫

前へ！
前へ！
ただまっしぐらに
前へ！
きみの前にはゴールがまつ、
きみのうしろにはスピードが残る。
単調な手足のくり返しがきざむ
光栄へのリズム。
きみがきみとたたかう
この長い道程――

泳ぐ

鶴見　正夫

とびこむしゅん間、
水とのたたかいがはじまる。
水をとらえ
水にのり
さらにのりこえ、
きみは、いま、
トビウオになる。

「走る」は、昨年六年の水泳大会で、「泳ぐ」は五年の臨海学校結団式で紹介した詩です。「走る」は、今日の五・六年生の水泳大会でも紹介したいと思っています。

私たちの人生は、何かに挑戦しながら、弱い自分を超えて、自分でも知らなかった新たな自分を発見していくことです。

子どもたちにはチャレンジしていく勇気を持ってほしいと思います。そして、「きみがきみとたたかう　この長い道程」に向かい、戦うべきは人ではなく、弱い自分であることを知ってほしいと思います。こうしたことを知る体験がたくさましい自己を創っていってくれることだと思います。

五年生は遠泳に向けて、毎朝、先生方と共に全員完泳目指して練習を続けています。昨年同様、芦北の海に子どもたちの歓声が鳴り響くことを願っています。

六年生の皆さんは、これからたくさんの乗り越えなければならない壁に向き合うこととなるでしょう。そんなとき、どうせ駄目だからとあきらめるのではなく、「前へ」チャレンジしていってほしいと思います。そうすることによって、自分でも気づかなかった自分の可能性に気づいていくことができると思います。

夏休みには何かチャレンジできる課題（小さな課題でいいと思います。毎日読書を続ける。毎日お手伝いを続ける。）を見つけて、やり続ける体験を大切にしてほしいと願っています。どんな小さなことでもやり抜くことが、子どもたちに自信と自己有用感をもたらしてくれるはずです。

⑧「絆」第十三号（平成二十五年十月一日）

〈本を通して世界と出会う〉

夏休みはたくさんの本に出会う絶好の機会でもあります。この夏休みにたくさんの本を手にすることができたでしょうか。

子どもたちに本の世界に出会わせたいというのは保護者の皆さんも願っていることだと思います。

そうすると本を与えたくなってしまいます。時に「こんな本はどう？」と新たなジャンルの本に出会わせるようなことはあってよいことです。しかし、いつも、いつも与え続けていると子どもたちの側から本を手にする機会はなくなってしまいます。

人・もの・こととの出会いを通して、子どもたち自らが本を手に取り、出会わせていくことが大切になっていきます。

たくさんの本に囲まれているといった読書環境が必ずしも子どもたちに本に出会う契機をもたらすとは限りません。むしろ、お父さんやお母さんとの大切な本との出会いの話、先生や友達の大切な一冊との出会いの話、そうした人との出会いが子どもたちに本に出会わせる大きな契機となります。

本屋さんに行って、お父さん、お母さんとどんな本がいいかなと話し合ってみるというようなことも大切でしょう。

また、お姉さんが学校で出会った素敵な本を弟に読み聞かせる、あるいは学校の中でも六年生が卒業する前に、自分が出会った感動の本を四年生にわかるように伝えるというような学年を越えた学びのデザインがダイナミックな本との出会いをもたらすこともあります。

そして、本との出会いが単なる本好きに終わるのではなくて、本を通して、「世の中にはこんなこともあるのか、では自分はどう考え、そのことにどう向き合えばよいのか。」と自己を捉え直し、社会のあり方を捉え直していくような「世界との出会い」となることが大切です。

教科の学びにおける本との出会いも、そうであってほしいと思います。

私にとって小学校上級生で出会ったビクトル・ユーゴーの「ああ無情」や谷川俊太郎の「二十億光年の孤独」との出会いは、本との出会いの奥深さをもたらしてくれたものでした。

今ここにいる私はどう生きていけばよいのかを考え始める契機を与えてくれた大切な本との出会いとなりました。

読書の秋がやってきます。

子どもたちに本を通して世界に出会ってほしいと思います。（学校通信「絆」第十三号より）

⑨「絆」第十八号（平成二十六年二月三日）

わたくし

竹内　てるよ

ひろいこの地上に
わたくしは何一つ持ってはいない

くらしもまづしいし
いつもあまり丈夫ではない
長く美しい　くろかみももたない

併し　私は持っている
心のあたたかい友達と　美しい大空
夕べ夕べの星たちと　つつましき地上の花

さいごに　たった一つ
ささやかなる人生への愛と誠実

人は　いつまでも生きてはいない
さびしき旅なるこの一生に
これ以上の　なにが要らうものぞ　（©Eriko Tanaka）

校長室で、六年生たちといっしょに給食をいただいていたときのことです。

「附属小学校だからこその思い出はありますか?」と子どもたちに問いかけました。すると、多くの子どもたちが「附属小学校だからこそ出会えた友達がいます。」「この附属小学校にしかない行事を通して、先生と友達と出会えたことのすばらしさを感じます。」

「お父さんもこの附属小学校卒業ですが、お父さんはその頃の友達と今も付き合っているといいます。そんな素敵な友達、一生続く友達と出会えたことがこの附属小学校ならではの思い出です。」と答えてくれました。こういう言葉を聞きながら、自分という存在を友との関係でとらえることのできる子どもたちの考え方を、私は素敵だなあと思いました。

人は一人では生きてはいけません。「今月の詩」にあるように、私を支えてくれるのは、友であり、そして、美しい自然なのでしょう。人とのかかわりを大切に思っていても、その人とのかかわりに疲れてしまうこともあるのが人生です。そんなとき、生きる力をくれるのは、身近にある自然なのです。司馬遼太郎さんは「二十一世紀に生きる君たち」という作品の中で、自然の一部として私たち人間の存在を捉えるべきだという主張をしています。この文章は、私たち人間が生きることの意味を改めて考えさせてくれます。

⑩「絆」第二十一号(平成二十六年五月一日)

平成二十六年度が始まって一か月が過ぎました。

四月二十五日には一年生を迎えての歓迎遠足が行われました。

このときに、こんなお話をしました。

きょうは、かわいい一年生を迎えての歓迎遠足ですね。

一年生の皆さんは元気で学校に来ていますか？　お友達はたくさんできましたか？　もうお友達とけんかをした人はいますか？　そんな時は、私が入学式のときに読み聞かせをしたように、「ごめんなさい」という素敵なことばがありましたね。けんかをしても「ごめんなさい。」と素敵なことばで心を深め合いましょう。

一年生の皆さんはいろいろなことがはじめてですね。いろいろなことをやってみてください。そして、一年生の挑戦をお兄さん、お姉さんである皆さんはしっかりと見守ってそっと手助けや応援をしてあげてくださいね。

一年生に詩のプレゼントをします。「はじめて小鳥がとんだとき」（原田直友）という詩です。一年生の皆さんははじめていろいろなことに挑戦するとき、この小鳥のように、「うれしさとふあんで小鳥の小さなむねは　どきんどきん　大きく鳴って」いることでしょう。でも、怖がらなくてもいいですよ。この附属小学校の学校中の人たちがあなたを見守り応援しています。ですから、この小鳥のように、勇気を出して、いろいろなことに挑戦してみてください。そして、一年生のはじめての挑戦を、お兄さん、お姉さんは小枝やかあさん鳥、とうさん鳥のように、しっかり見守って、応援してあげてくださいね。

保護者の皆様も入学してしばらくは学校に慣れるだろうか、通学は大丈夫だろうかと心配することがたくさんあったことだと思います。

子どもたちは一つ一つどきどきするような緊張や壁に向き合い、少しずつそこを乗り越えることができて、はじめて成長することができます。大人が心配しすぎてしまって、一つ一つに手を貸していては子どもたちは成長することはできないままで終わってしまいます。大人の側は子どもたちが自力でできるように、はじめは足場をつくってあげます。しかし、その足場をだんだんはずしていくことが大切です。子どもたちを学校全体で見守っていきたいと思います。

⑪「絆」第二十二号（平成二十六年六月三日）

私の好きな詩の一つに大木実さんの「次郎」という詩があります。次男の次郎がお兄さんとの関係では、けんかすると「弟のくせになまいきだ」と言われ、妹が泣くと「兄のくせに妹を泣かす」と言われるというように真ん中に挟まれた次男だからこその心の叫びを書いた詩です。「ぼくはさびしい　なんだかつまらない　まんなかに生まれてきてさ　庭で菊の花をむしっていたら　またとうさんにしかれちゃった」という最終連の言葉が心に突き刺さります。

昼休みに校長室で仕事をしていたら、「校長先生。」と、子どもの呼ぶ声が聞こえます。ブラインドをあけてみると、手にクワガタを持った男の子が立っています。そして、一心にクワガタをつかまえたことをお話ししてくれます。私はそのクワガタをもっと近くで見ようと、外に出てその子の近くにいきました。

どうもお友達とけんかをしてしまって、一人で遊んでいたようです。低学年の子どもにとってお友達とのけんかは大きな大きな事件です。小さな心を震わせながら語るその言葉を聞きながら、私は「次郎」の詩を思い出しました。

子どもたちの身の回りにおこる出来事は一つとして無駄なものはありません。小さな心のひだを読み取り、時に寄り添い、時に子ども自身が自分の心を見つめられる言葉を送りながら、子どもの心の震え、悲しさ、そして、楽しさなど、心の出来事を大切にしてあげたいものです。

⑫　「絆」第二十三号（平成二十六年七月三日）

校舎内を回っていたとき、図書室の前の掲示板に津留雅子先生手作りの色紙の紫陽花が美しく咲いていました。梅雨空のうっとうしい気持ちに何かほっとした安らぎを与えてくれました。そのときに、思い浮かんだ詩が今月の詩に掲げている「夕やけの雲の下に」(百田宗治)という詩でした。この詩の一節「遠い夕やけ雲を見ていると、ぼくはあの下に美しい国があると思う。美しい音楽と楽しい夕餉（ゆうげ）があると思う。そこへ行けないのが何か悲しい気持ちがしてくる。」という言葉が心に沁みます。

日常生活の中に、ふっと差し込む心のすき間がないでしょうか？　私たちはこうしたすき間に今生きていることのすばらしさを味わうと共に、何かさみしさを感じることもあるものです。そんな気持ちのすき間は子どもたちにもあることでしょう。こうしたすき間は無駄なことではなくて、大切なことのような気がします。こんな心のすき間を感じとることのできる感受性もまた、日ごろ子どもたちが出会っている本の世界との出会いの中で育まれていくのでしょう。

子どもたちは虚構世界の中で、楽しい世界だけではなく、現実には味わうことのできない美しく、さみしく、悲しい世界に生きることができるのです。この虚構世界での出会いが、自己を捉え直し、社会を生きるエネルギーとしての言葉の力を育んでくれます。

廊下で読み聞かせボランティアの保護者の方に出会うことがあります。手に本を持ち、急いで教室に向かう姿を見ながら、虚構の物語世界を楽しみに待ち望んでいる子どもたちの心に思いをはせます。

⑬　「絆」第二十四号（平成二十六年九月一日）

今年のNHK合唱コンクールの課題曲は「ゆうき」（中川季枝子）でした。八月五日に、本校の合唱部の子どもたちが、県立劇場でこの曲を歌いあげました。子どもたちは、指揮者の蒲地先生の指揮に心を一つにして歌いあげました。

子どもたちの歌う表情、声を聴きながら、練習の途中には、できない自分に「ちいさな　げんこつを　にぎりしめ」、しかし、その弱さをはねのけるように「ちいさな　あしで　ちゅうをけりしっぱいしても　くじけないゆうきは　にげない　かくれない」。そんな日々を繰り返したのだろうと思います。

そんな日々の中で、子どもたちの小さな勇気は次第次第に大きな勇気となり、「ひとりひとり　じぶんの　あしで　たつ　あるく　じぶんの　ことばで　はなし　うたう」という自分らしく自分を表現していく力を身に付けることができるのだと思います。こうした営みが子どもたちの未来を開いていくことになるのだと思います。

この暑い夏に、合奏部、サッカー部、野球部の部活動をはじめ、それぞれのこどもたちが流した汗は子どもたちのこれからの生活を支える大切な体験となって残っていくだろうと思います。

⑭　「絆」第二十七号（平成二十六年十二月一日）

今月の詩には、音楽会のときに紹介した「ともだちになるために」を載せました。「一人　さみしいことが誰にでもあるから　ともだちになるために　人は　出会うんだよ　誰かを　傷つけても　幸せには　ならない」という言葉を味わいたいですね。

音楽会のときに、次のようなお話をしました。

「だれかを傷つけても幸せにはならない」ということばが心に響きます。一人さみしいことがあったとき、支えてくれるのは友達ですよね。

百四十周年を迎えたこの附属小学校の子どもたちである皆さんが、人との出会いを大切にし、わかりあえる世界をつくり、優しさ求めて、友達をつくっていったならば、伝統は未来へと続いていくことでしょう。

出会った友達と一緒につくりあげた音。

出会ったきみと一緒につくりあげた声。

ここに今日来ることのできなかった友達にも届けてください。一人さみしい友達に届けてください。

同じような優しさを求め合って、本当の友達に出会うことを待ちわびている友達に届けてください。

これから出会う未来の友達に届けてください。

私たちは一人では生きていくことはできません。

「友達になるために人に出会える」ような、そんな人を受け止めることのできる優しい心を育てていってほしいと思います。

子どもたちは将来誰もが社会に出て、そこで自己実現を目指して生きていくことになります。そこでは、他者と協力しながらよりよい社会にするために自己の力を出し切り、出し合いながら、他者と共に行動していくことになるでしょう。

ここで子どもたちが自己実現できるためにも、小さい頃から人を大切にする心を育てていくことが大切です。

生きとし生けるものの命を大切にする心を育てることは、人が生きていくために育てられなければならない基盤の心です。「人を傷つけてはいけない。人の心、人の命を大切にしなければならない」ということは、人が生きていくための基盤のルールとして、家庭教育においても学校教育においても厳しく育てられなければなりません。そのためにも、家庭でも学校でも、子どもたちが居場所を持ち、自らの存在意義を感じながら生活していくことのできる場や関係性を創っていくことが大切です。

本当に一人ひとりを大切にする教育をしていかなければなりません。

⑮「絆」第三十一号（平成二十六年三月二十日）

平成二十六年度が終わろうとしています。

本年度は、命の大切さ、他者を尊重することの大切さを改めて子どもたちと共に考え合う場が必要でした。

私の好きなケストナーの「飛ぶ教室」の一節に次のようなことばがあります。

どうしておとなはそんなにじぶんの子どものころをすっかり忘れることができるのでしょう？　そして、子どもは時にはずいぶん悲しく不幸になるものだということがどうして全然わからなくなってしまうのでしょう？……子どもの涙はけっしておとなの涙より小さいものではなく、おとなの涙より重いことだって、めずらしくありません。誤解しないでください。皆さん！　私たちは何も不必要に涙もろくなろうとは思いません。私はただ、つらい時でも、正直でなければならないということを言いたいのです。骨のずいまで正直で、……ただ、何ごともごまかしてはいけません。またごまかされてはなりません。不運にあっても、それをまともに見つめるようにしてください。何かうまくいかないことがあっても、恐れてはいけません。不幸な目にあっても、気を落としてはいけません。元気を出しなさい！　不死身になるようにしなければいけません。

（『飛ぶ教室』岩波少年文庫、エーリヒ・ケストナー著、池田香代子訳）

いろいろなことがあったとき、正直に自分自身にしっかりと向き合うことができれば前へ歩んでいくことができると思います。これから様々な人たちと生きていく子どもたちに、人とのかかわりの中で生きていくことの大切さ、命の大切さ、そして、いろいろなことにきちんと向き合うことの大切を知ってもらいたいと思います。大人の側もそれをかみしめながら子どもたちと接してほしいと思います。

平成二十六年度、辻口ＰＴＡ会長さんをはじめ執行部の皆様、常任委員さん、そして、保護者の皆様には本校を支えていただきまして誠にありがとうございました。

皆様の献身的なＰＴＡ活動があってはじめて、学校を運営していくことができました。心より御礼申し上げます。

私のほうも皆様に支えていただき、三年の任期を終えることができます。改めて感謝申し上げます。

一人ひとり大いなる可能性を持っている熊本大学教育学部附属小学校の子どもたちの未来が輝いたものになるように見守り続けていきたいと思います。

Ⅳ　仲良し集会での校長講話

一　「きく」ということ

きょうは、「きく」ということについて皆さんと考えてみたいと思います。
まず、私が、皆さんにお話しをしてみます。

五月十日の出来事です。私が山鹿市で講演会を終えて、附属小学校の玄関でタクシーを待っていました。北九州市での会議に出かけるためです。そのとき、五年生のSさんが丁度帰る時でした。Sさんは、私を見て、まずは、「さようなら。」と元気よく挨拶をしてくれました。私はその元気の良い声と笑顔にうれしくなって、私も「さようなら。」と声をかけ、続けて、「気をつけて帰ってくださいね。」と言いました。すると、Sさんは、「はい。ありがとうございます。」と声を返してくれただけではなくて、「校長先生、今からどこかへお出かけですか?」とたずねてくれました。ですので、私は、「山鹿市での講演会を終えて、北九州市に行くところですよ。」と言葉を返しました。すると、Sさんは、「校長先生大変ですね。お気をつけてお出かけください。」と声をかけてくれました。そのSさんの言葉を聞いて、私は疲れもふっとんでとてもすがすがしい気持ちになりました。それは、Sさんの人を思い、そのことをきちんと自分の言葉で表現できる心と力のすばらしさを感じたからです。

さあ、今の私のお話しに、皆さんはどんな「きき方」をしたでしょうか?
何か話が聞こえてくるなあ、ああ、校長先生が何か話しているぞ。くらいに聞いた人は「聞く」（ｈｅａｒ）

の段階の聞き方です。これではただ聞いたという段階で何も始まりません。

　こうした「きき方」に対して、挨拶をする、人に言葉をかけるっていい話だなあというように話された事の内容に関心を持って聞いたり、Ｓさんの言葉に感動してお話しをしてくれる校長先生の話し方が素敵だなあというように、お話しをしてくれている話し相手に対して関心を持って聞いた人もいると思います。このような話の内容や話し方について聞き浸るような聞き方を「聴く」（ｌｉｓｔｅｎ）といいます。このような「聴き方」ができるようになると、物事や人の話し方に関心を持った「聴き方」ができるようになるので、「聴き方」の名人と言ってもいいでしょう。

　しかし、もっと上手な「きき方」、「きき方」の達人としての「きき方」もあります。

　それは、校長先生はなぜＳさんと校長先生とのお話を話したのだろう。自分はＳさんのように人の思いまでくみ取れるようなお話しを目上の人とすることができるだろうか。誰に対しても物怖じせずに、きちんと挨拶や話ができるような心を育てたいなあ、というように、話し手の話に対して、話されている内容に疑問を持ったり、その話から自分自身を見つめ直し、自分に生かしていくような「きき方」を「訊く」（ａｓｋ）と言います。

　皆さんの今日の話の「きき方」は、どの「きき方」だったでしょうか。

　これから皆さんは先生や友達の話をきくときに、ａｓｋの「訊く」を目指していきましょう。

　こうしたきき方が、人との対話を通して、新たな発見ができるきき方となります。

二　論理的思考力育成へ向けて　①　サンタさんからのプレゼント

十一月の仲良し集会では、「読む」ときに、どのように「根拠―理由づけ―主張」の３点セットを使うのか、どうすれば友達と対話しながら読みが深まるのかについてお話をしましたね。

この三点セットは、アーギュメント理論で重視されている論証の力、つまり、論理的に考えるための方法の一つです。今、このような論理的に考える力を、いろいろな場で使えるようになることが求められています。

今日は、作文を書くという学びについて一緒に考えてみましょう。

ここにクリスマスに良い子の皆さんにプレゼントを渡し忘れたサンタさんがいます。プレゼントは、スニーカーです。このスニーカーには説明書がついています。


軽いです。

くつの裏に工夫がこらしてあって、カーブが走りやすいです。


しかし、このサンタさんは、サンタさんがなるほどそうかと納得しないとプレゼントをくれません。このサンタさんを納得させて、プレゼントのスニーカーをもらえるようにお願いをしたいと思います。どんなお願いの文章を書くと、サンタさんはプレゼントをくれるのでしょうか。

功さんという子がこのようなお願いの文章を書きました。

ぼくは、このスニーカーがほしいです。

さあ、サンタさんはお願いを納得して、スニーカーをプレゼントしてくれるのでしょうか？　功さんと洋介さんが話し合っています。

洋介　これじゃ、サンタさんは願いを叶えてくれないよ。
功　どうして？
洋介　だって、ほしいという願いしか書いてないじゃないか。サンタさんは納得しないとプレゼントしないと言っているよ。
功　これじゃだめかな。じゃあ、納得してもらうにはどうしたらいいかな？
洋介　なぜスニーカーがほしいの？
功　ぼくは、走るのが速くなるためにスニーカーがほしいんだよ。
洋介　じゃあ、その理由を書くといいんじゃないかな？
功　わかった。書いたよ。
「ぼくは、走るのが遅いので、走るのが速くなりたいからスニーカーがほしいです。」
これでいいんじゃないかな
洋介　うん。そうだね。では、サンタさんにお手紙を書こう。

何日かたって、サンタさんからお手紙がきました。しかし、そのお手紙には、

「わたくしはあなたの願いに納得できないので、このスニーカーをあげるわけにはいきません。ほかのスニーカーを買ってもらいなさい。」

と書いていました。

さあ、功さんは困りました。何が足りないのだろう。このスニーカーがほしいのにと残念に思いました。ふたたび、洋介さんに相談しました。

すると、洋介さんがいいました。

洋介　この前、自分のお話をしっかりと相手にわかってもらうためには、三点セットを使うといいということを勉強したね。その三点セットには何があったかな？　主張、これは、このスニーカーがほしいということだね。理由、これは、走るのが遅いので、走るのが速くなりたいからということだね。
功　この理由が大事だったでしょ。でも、どうしてサンタさんは分かってくれなかったのかな？
洋介　わかった。このスニーカーじゃなくては、駄目だという根拠がないからじゃないかな。
功　そうか、いくら理由を言っても、これじゃなくちゃだめだという根拠がないと他のスニーカーでもいいということになるものね。根拠は、この解説書から選べばいいよね。
洋介　うんそうだね。
功　「軽い」と書いてあるよ。
洋介　「軽い」と重いくつよりも早く走れるよね。
功　じゃ、こう書いたらどうかな。

くつの説明書に軽いと書いてありますね。ぼくは、走るのが遅いので、少しでも早く走りたいから、このスニーカーがほしいです。

洋介　でも、これだとまだまだ説得力がないよね。

功　これでもだめかな。どうしたらいいかな？

洋介　功くんは、走るのが速くなりたいわけでしょ。この解説書には、「くつの裏に工夫がこらしてあって、カーブが走りやすい」と書いてあるよ。カーブは一番走りにくいところでしょ。このカーブがうまく走れればもっと走るのは速くなるんじゃないの？

功　そうか。では、根拠が二つあったほうが早く走りたいという理由をもっと強く相手に訴えかけて、その結果、スニーカーがほしいという願いをかなえることができるのかな？

功　ぼくは、このスニーカーがほしいです。このスニーカーの説明書に、軽くて、くつの裏に工夫がこらしてあるので、カーブが走りやすいと書いてあります。ぼくは、走るのが遅いので、早く走りたいからです。これでいいかな？

洋介　うーん、理由の書き方が弱いよね。「ぼくは、走るのが遅いので、早く走りたいという理由と根拠がなんかしっかりとつながっていない感じがするんだよね。もっと文章を練ろうよ。

二人が考えを練り合いました。皆さんだったら、サンタさんにどんなふうに理由を伝えたいですか？

功さんは次のような文章を書きました。

功　サンタさんへお願いがあります。

今度、運動会があります。この運動会では、いつもビリだったけれども、少しでも順位をあげたいと思います。だから、このスニーカーを是非ほしいと思っています。（主張）

このスニーカーには軽いと書いてあります。それに、裏に工夫がこらしてありカーブが走りやすいと書いてあります。（根拠）

このスニーカーでないとだめな理由は二つあります。まず、一つ目は軽いくつは重いくつよりも速く走ることができるからです。二つ目は、カーブでいつも追い越されていたので、カーブが走りやすいと追い越されることがないと思うからです。（理由）

洋介　うん。こっちのほうが説得力があるよ。なによりも、主張であるお願いが切実になったよ。それに、今度のお願いの文章には、根拠が二つあり、この根拠にそって理由がそれぞれしっかりと書かれてあるから、説得力が出たと思うよ。

こうして、功さんは無事にサンタさんからほしかったスニーカーのプレゼントをもらうことができました。

論理的に考える力は、読むことだけではなくて、書くことにも、すべての教科につながる大切な力です。しっかりと育てて、いろいろな場面で使ってほしいと思います。

三　論理的思考力育成へ向けて②　「雨ニモ負ケズ」を読み深めよう

読書の秋です。今月の詩に宮澤賢治の「雨ニモ負ケズ」の詩を選びました。

ずいぶん昔に書かれた詩ですが、今の皆さんにもぜひ読んでほしいと思います。

さあ、皆さんはこの詩のどの言葉に心ひかれましたか？心ひかれた言葉を見付けてみてください。心ひかれた言葉は一つでなくてもいいですよ。

たとえば、「けっしていからず」と言う言葉に心惹かれた人は、どのように感じたのか考えてみてください。「けっしていからず」生きていくことは難しいのに、そうなりたいと願っている話者の生き方に心打たれたとします。では、その理由はなぜでしょうか。考えてみましょう。理由を考えるときには、いつもの自分はどうかなと自分と比べてみてください。いつも少しのことで怒ってばかりの人は、「けっして」という言葉に特に心惹かれるかもしれませんね。わたくしはすぐに小さなことにいかってしまう。しかも、自分中心の小さなことで怒ってしまう。しかし、この詩の話者はけっしていからないと言っている。本当に気持ちの優しい人になりたいんだなと思ったから、この言葉に惹かれたというように理由を考えてみると読むことが楽しくなります。

現在、読むことは、そこに書かれていることを読んで理解することで終わるのではなくて、それをある目的のために利用したり、書かれていることについて深く考えたりして、生活に生きて働く力を育てることが大切であると言われています。

「雨ニモ負ケズ」の詩でも、それを読んで自分の考えを持つこと、そして、それを深めていくことが大切です。

そのためには、根拠である表現を複数関連づけることが大切です。

あなたがもし、

東ニ病気ノコドモアレバ／行ッテ看病シテヤリ／西ニツカレタ母アレバ／行ッテソノ稲ノ束ヲ負ヒ／南ニ死ニサウナ人アレバ／行ッテコハガラナクテモイイトイヒ／北ニケンクワヤソショウガアレバ／ツマラナイカラヤメロトイヒ

という表現に心を打たれたならば、自分の生活とむすびつけてみましょう。あるいは自分が知っている知識と関連づけてみましょう。私は、この詩を読むとなぜか、昨年、シリアで銃弾に倒れた山本美香さんの生き方と重なっていきます。山本美香さんは報道記者として、特に紛争地域など危険なところでも必死に生きる家族、虐げられている女性たち、そういう人たちがいることを世界中の人々に知ってもらうために、危険地域にも出かけ、記事にしたり講演をしたりされていました。彼女のまなざしにはいつもどんな過酷な地域や環境においても、必死に生きている人を思うまなざしがありました。戦争弱者の立場に立ち、声を上げられない子どもや女性たちのことを思い、伝え続けたその生き方を思います。こうした言葉に出会うことで、私たちはどのように生きていけばよいかを考えさせられます。

この詩の話者はひたすら人のために動いています。けれども、皆さんは。自分は自分のことで精いっぱいで何もできないとしたら、どんなことを考えさせられますか?

さらに、

ヒデリノトキハナミダヲナガシ／サムサノナツハオロオロアルキ

と結び付けてみましょう。

そして、最後の六行と重ねて読んでみましょう。

ミンナニデクノボウトヨバレ／ホメラレモセズ／クニモサレズ／サウイフモノニ／ワタシハ／ナリタイ

でくのぼうという意味を知っていますか？

何の役にも立たない人という意味ですね。そんなでくのぼうと言われ、

ホメラレモセズ／クニモサレズ／サウイフモノニ／ワタシハ／ナリタイ

と言っています。

私は、小学生のとき、この詩に出会い、無性に生きることは悲しいことだと思いました。小学生のとき、褒められることは生きることにつながることだと思っていました。しかし、話者は褒められもせず、苦にもされない、つまり、誰にも注目されることもなく、しかし、人のために生きる生き方を望んでいるのです。その生き方のどんなに尊く、計り知れないことだったか。生きるとはどういうことなのか、自分はどう生きればよいのかを考えさせられました。

このように読書するときには、書かれてあることを「ああ、わかった」と理解するだけでなく、それを通して

自己を振り返り、社会や世界と対話することが大切です。

このように、今からの読書は、単に物知りになるための読書ではなくて、書かれてある表現を自分の知識や経験と関連づけて、なぜそう読んだのかと理由づけをしながら考える読書が必要です。

一方、こうした詩との出会いを豊かなものするために、同じ作者の作品を複数関連づけて読み取る方法もあります。『銀河鉄道の夜』『やまなし』など賢治の作品を重ねて、さきほどの「ホメラレモセズ　クニモサレズ　サウイフモノニ　ワタシハナリタイ」という意味を考えてみてほしいと思います。

今年の夏、私は、岩手大学の先生に呼んでいただいて岩手の先生方にお話をさせていただく機会を得ました。その折、賢治が生きた岩手の町、小岩井農場、賢治が学んだ農学校跡地を急ぎ足で巡りました。

賢治は小さい頃から探究心旺盛で、石ころをよく手にして集めていたそうです。こうした幼いころの体験が「気のいい火山弾」などの作品を生み出す原体験となったのでしょう。

裕福な家に生まれながら、岩手の地と共に農民たちの苦悩と共に生きた賢治だから生み出された作品もあります。こうして作者の生き方と共に作品を読み深めてみるという作家論的読みも高学年になってやってみることもまた読書の醍醐味を味わわせてくれることになるでしょう。

四　論理的思考力育成へ向けて③　思考方略を学ぶことの大切さ！

六月二十六日の仲良し集会では、「話し合いの達人になろう」ということで、ゼミの学生たちに協力してもらって、話し合いを深めるための論理的思考の方略について学ぶ機会を設けました。

まず、次の詩の空欄に何が入るかを考え合うという状況を設定しました。（鶴田清司『対話・批評・活用の力を育てる国語の授業―PISA型読解力を超えて―』二〇一〇年、明治図書を参照）。

ライオン

工藤直子

雲を見ながらライオンが
女房にいった
そろそろ　めしにしようか
ライオンと女房は
連れ立ってでかけ
［　　　　］縞馬を食べた

（工藤直子・詩『てつがくのライオン』理論社、より作編成）

この課題に対して、事前に作成しておいた話し合い台本に基づいて、子どもたちの前で学生たちが話し合いを演じていきました。この台本は、見ている子どもたちも話し合いのあり方を振り返る（メタ認知できる）ことができるように作りました。

Ａ　ぼくは「むしゃむしゃ」だと思います。
Ｂ　どうしてなの？
Ａ　なぜかというと「ライオン」だからです。

C　ああ、「ライオン」という言葉を根拠にしてそう思ったわけね。でも、理由がないからわかりにくいよ。
A　「ライオン」は強いから、「がぶりと」にしました。
C　ああ、なるほどね。やっぱり理由を言ってくれたほうがわかりやすいね。
BCD　そうだね。
D　ぼくも同じ言葉に注目して、「がぶりと」縞馬を食べたにしました。
ABC　（求めるまなざしでDを見つめる）
D　ああ、理由が大切だったね。なぜかというとライオンは肉食だし、百獣の王だからです。
C　私はちがう根拠に注目しました。
A　どの言葉？
C　「連れだって」ということばがあるでしょ。この言葉からいくら百獣の王と言っても厳しいサバンナの中で生きていくことは大変で、ライオンだって一週間獲物を捕まえることができないということを本で読んだから「仲良く」縞馬を食べたにしたいと思います。
B　あの強いライオンだって一週間獲物を捕まえることができないことがあるからっていう本で読んだことを理由にあげてくれたので、なるほど「連れだって」という言葉から仲良く縞馬を食べたというのは説得力があったよね。
C　そうだね。
B　私は、「連れだってでかけ」という根拠と「そろそろめしにしようか」という根拠を関連づけました。「そろそろめしにしようか」というのは雄ライオンが雌ライオンに声をかけたということでしょ。だって、「雲を見ながらライオンが女房にいった」と書いてあるから、私のお父さんとお母さんも仲良しで、お父さんが「そろそろめしようにしようか」というとおかあさんが「はいどうぞ」と仲良く食べているから「仲良く」縞馬を食べたでいいと思います。

C　わあ、Bさんのお父さんとお母さんは仲良しなんだね。Bさんの生活の中の体験から理由を言ってくれたからこれも説得力があるよね。

T　実はここには「しみじみと」が入ります。

ABCD　ええ？　考えもしなかった。

T　では、皆さんが自分で考えたことと作者が考えた「しみじみと」を比べて、どちらがよいか発表し合いましょう。そのときに、さきほどの話し合いでも学びましたが、何を言えば皆さんにわかってもらえましたか。

ABCD　理由です。

T　そうですね。

C　わたしは「仲良く」が入ると思いました。「しみじみと」のほうが味わい深いなあと思いました。なぜかというと、「連れだって」という言葉が違う意味に感じられるようになったからです。「しみじみと」だと「連れだって」という言葉に、今日も女房と一緒に生きさせてもらって本当にありがとうという感謝の思いが伝わってくるからです。

D　理由が違います。「しみじみと」というのはおばあちゃんが昔話などをしてくれるとき、「しみじみと」昔はよかったよという思いを込めて言ってくれています。だから今日も生きることができてよかったと思っていると思います。

B　わたしは「雲を見ながら」という言葉と「連れだって」という言葉と「しみじみと」という言葉を重ね

ました。すると、何か生きているサバンナの自然に感謝という気持ちが伝わってきました。「仲良く」だったらこんなふうに自然に感謝という思いまで読み取れないので、「しみじみ」のほうがいいと思います。

B　ああ、感謝の中身がちがうんだ。Aさんは女房と一緒に生きさせてもらうことの感謝で、Dさんは生き延びられたということの感謝なんだね。理由が違うと考えの違いがよくわかるね。

C　私も同じ感謝の気持ちなんですけどね。感謝の中身が違います。

A　ええ？　どういうこと？

C　「雲を見ながら」という言葉と「連れだって」という言葉と「しみじみと」という言葉を重ねました。すると、何か生きているサバンナの自然に感謝という気持ちが伝わってきました。「仲良く」だったらこんなふうに自然に感謝という思いまで読み取れないので、「しみじみ」のほうがいいと思います。

T　さあ、今日の話し合いで学んだことは何ですか？

A　理由を言ってくれるとその人が言いたいことがよくわかります。

B　その理由の中身にはいくつかの種類があるとわかりました。

C　そうそう、自分が生活の中で体験したことを出すとわかりやすいですね。

D　それから自分が知っていることも入れると具体的になったね。

A　理由が深まるためには根拠の表現をつないでみるといいとわかりました。

T　話し合いにもコツがあるんですね。いろいろなところでこのコツを使ってみましょう。

これをお手本にして、皆さんにも論理的な思考方略（根拠・理由づけ・主張の3点セット）を身につけてもらいたいと思います。（学校通信「絆」一二三号より）

五　三年次実習を通して

三年次教育実習の先生方との勉強も今日で終わりとなり、お別れとなりますね。

実習の先生は皆さんがよくわかるように教えてくださいましたか。そして、よく遊び、よく話してくださいましたか。

私も何人かの実習の先生の授業を見ました。

私は全クラスの実習の先生の授業を見ることはできませんでしたが、私が皆さんの頑張りを通して印象に残ったことをお話しします。

まず、一年生の皆さんのがんばりです。一年生の皆さんは本当に大きくなりましたね。一生懸命に考えようとしている姿がすばらしいと思いました。二年生の皆さんもがんばっていましたね。二年三組の皆さんはしっかりと発言をつなぎながら、実習の先生がびっくりするほどのがんばりでしたね。皆さんが一生懸命にみんなにわかってほしいという思いを持って発表している姿に感心しました。

そして、私が心に残ったのは四年生の皆さんたちのがんばりでした。金曜日にみた四年三組の皆さんは、実習の先生の発問に真剣に考えて発言していました。アップとルーズで「⑦⑧段落は必要か」という問いに、Mくん、SさんやYくん、Tくん、名前をあげきれませんが、しっかりと理由を述べ合っていました。そして、私が心打たれたのは発表はしなかったのですが、じっと友達の発言を聞き、考えていたSくんたちの姿でした。

こんな一生懸命の皆さんの姿に実習の先生たちは、子どものために尽くせる先生になろうと決意を新たにしてくれたと思います。
この実習の間に、私にお手紙を書いてくれた実習の先生がいました。
このうち、二人の先生のお手紙を紹介します。

指導教官の先生の子どもへの接し方、声かけの一つ一つが本当に勉強になりました。そして、指導教官の先生が私たちを真剣に本物の教師として育てようとしてくださっていることが伝わってきました。子どもが主体的に考える授業の難しさをこの実習で実感しました。大変さが分かりました。でも、その分、子どもたちが元気と勇気をくれました。この前の国語も授業後に「カタカナ上手に書けたよ」と見せにきてくれる子や「こんなカタカナ見つけたよ」とかけよってくれる子がいて、嬉しくて疲れもとんでいきました。

もう一人の先生のお手紙です。

話し合いの授業は、とても難しいと改めて感じました。授業の中で、たくさんの子どもたちが手を挙げて考えを発表してくれて、すごく嬉しかったのですが、子どもたちの考えをつなぎきれず、悔しい思いをしました。手を挙げていなかった子どもたちも考えはきちんとワークシートに残っていて、もっともっと引き出してあげたかったなと思いました。ビデオを見て、もっと深められる言葉がたくさんあったんだな、なぜもっと言葉を受け止めて、そこから考えなかったんだろうと後悔しています。もっと勉強をして子どもたちのために頑張っていきたいと思います。

このお手紙をくれた実習の先生は、六月実習に行くまでは、違う職業に就こうと思っていた先生です。でも、六月皆さんと出会って、教師のすばらしさに目覚め、この九月の実習では、夏休みから一生懸命に準備していました。

授業が終わったあとには、涙を流していました。がんばっている皆さんを生かし切れない自分が情けなかったからだろうと思います。でも、私は思いました。皆さんたち子どものために足りない自分を見つめ流す涙は素敵だなあと。流した涙はきっとこの先生の将来を支えることになるだろうと。

私たち人間はみんな足りなさや弱さを持っているのだと思います。私はいつも教師になる学生たちに言っています。駄目な自分、弱く、足りないところがあることは素敵なことだと、なぜなら、その足りなさや弱さがあるから努力して成長できるのではないかと。そして、駄目で弱いから、同じ弱さをもった人の悲しみがわかるのではないかと。だから、駄目さや弱さを隠さなくていいのだと。しかし、子どものために、その弱さを乗り越えてたくましくなっていこうと。

六月での実習の先生たちとの出会いのときにも、お話ししましたように、皆さんができないことで悩んだり、自分のことを駄目だなあと思うように実習の先生方も駄目な自分、弱い自分を持っています。しかし、皆さんたち子どもたちのために、その弱さを乗り越えて、教師という夢の職業に就こうと努力しているのです。

東井義男さんという一人の教師がこんな言葉を残しています。「教師は子どもを一人前にするのではなく、子どもを教え育てることを通して、自分自身が一人前の人間へと成長させてもらえる仕事です。」

皆さんたち子どものためにと、一生懸命努力しているつもりが、いつのまにか自分自身が成長させてもらえるそんな素敵な職業が教師です。教師になる夢めざして実習の先生方の歩みが続いていきます。

皆さんたちがくれた元気でやさしく、温かい言葉を胸に、実習の先生たちがたくましく夢を実現してくれることを私は願っています。

六 「命」の大切さ

今日は、一冊の本を通して、皆さんと友達一人ひとりを大切にすること、命をみんなで支え合うことの大切さについてお話をしたいと思います。皆さんの隣にいるお友達、後ろに前にいるお友達はみんな一つの大切な命を持っています。でも、一人の力ではそのかけがえのない命を輝かすことはできないのです。一人ひとりの命を輝かせていくためにはどうしたらよいのか、考えながら聞いてください。（お話は省略）

このお話は「からすたろう」というお話です。ある村の学校でのことです。勉強が苦手で何一つ覚えることのできない男の子がいました。授業中にはくらいところに隠れていました。でも、そのことさえ誰も気づいてくれないような存在の子どもでした。その子は「ちび」と呼ばれていました。その学校にある一人の先生が来られました。その先生は、子どもたち一人ひとりを大切にする先生でした。その先生は、ちびにも関わり、ちびと放課後一緒に過ごしたりしているような先生でした。その年の学芸会のときでした。あのちびが一人で登場することになったのです。そして、からすの鳴き声を披露したのです。そのチビのからすの鳴き声は本当にすばらしく聞いている人たちを感動させたそうです。この後、先生は、なぜチビがカラスの鳴き声をこんなにうまくできるようになったのかの理由をみんなに話してくれたそうです。先生の話を聞いて、聞いていた人たちはみんな、遠いところから一人通ってきて、誰にも相手にされず、また一人さみしく帰っていくチビの姿を思い起こし、自分たちがチビに対してやってきたことを深く反省したそうです。その後チビは小学校を卒業し、炭焼きの仕事につき、ときどき村にやってきたそうです。そんなとき、村の人たちはみんな尊敬の気持ちを込めて「からすたろう」と呼んだそうです。


こんなお話です。

ちびはさみしかったでしょうね。悲しかったでしょうね。つらかったでしょう。でも磯部先生にうけとめてもらい、もっている宝物を引き出してもらい、その宝物を友達が知ってくれ、認めてくれ、おとなの人もわかってくれて、力強く生きていくことができたのですね。

私は、このお話を私のゼミの学生たちにも聞いてもらいました。その中の二人のお話を聞いてください。


僕は、僕が中学生の頃のことについて話します。僕が通っていた中学校は、ものすごく荒れていた学校でした。荒れた人がたくさんいて、いじめや暴力が当たり前の学校でした。あるとき、荒れた人たちは、おとなしい子たち相手に、恐喝といって、おどして無理矢理お金を奪う、ということをするようになりました。多くの友だちが、おどされ、お金を取られました。払わないと、暴力をふるってくるのです。

ある日、僕の友だちがおどされ、お金を取られました。でも、僕は、怖くて、何もすることができませんでした。そのような中、ついに、僕もおどされました。とても怖かったです。殴られるのがいやで、先生にも、誰にも相談することができませんでした。ひとりぼっちで、ずっと悩みました。学校にも行きたくなくなりました。

そんな時、助けてくれたのが、その友だちでした。僕の友だちは、僕が恐喝されていることに気付いて、担任の先生に伝えてくれたのです。彼が困っているときに何もしてあげられなかった僕を、彼の力で救ってくれたのです。僕は、彼がおどされている時、どうして自分は何もすることができなかったのだろうと、自分のことしか考えられなかった自分を、とても後悔しました。今でも後悔しています。

からすたろうがいそべ先生に気付いてもらったように、僕も、その友だちが気付いてくれたから、つらいことを乗り越えられました。みんなの周りにも、何かに悩み、苦しんでいる友だちはいませんか？　それに気付いて、手を差し伸べ、力を合わせていきましょう。みんなで力を合わせて、一人ひとりの命を、存在を大切にしていきましょう。

私も中学校のころについて話します。中学一年生の時に、昨日まで仲良くしていた友達に突然無視されるということがありました。初めはその友達からだけの無視でしたが、いつの間にかクラスの人たちが私の話を聞いてくれなくなりました。信じていた人たちがどんどん私のことを無視し始め、教室に入っても自分が受け入れてもらえない状況が本当につらく、生きている気持ちがしませんでした。誰を信じていいのかわかりませんでした。学校に行くのが本当に嫌になり、体調が悪いといって学校を何回か休むこともありました。

その時に私に生きる勇気を与えてくださったのが、その中学校の保健室の先生でいらっしゃったT先生です。先生は私の話をしっかりと受け止め聞いてくださいました。そして、わたしには話を聞いてそばにいてくれる幼馴染がいました。クラスは違いましたが、その友達が私を認め励ましてくれることが私の支えでした。T先生とその子がいたからこそ、三年間学校に通うことができました。私は周りの人によって助け支えてもらい生きることができたのです。そして、いじめのない一人ひとりが生かされるクラスをつくろうと勉強しています。みんなが力を合わせて一人ひとりを大切にしていきましょう。

私は私を無視した人たちのことをうらみました。でも、今はその人たちも心に抱えたもやもやがあったのではないかと思えるようになりました。そのときに、その人たちと話し合う場があれば私はもっと違った中学校生活を送れたのではないかと後悔しています。みんなで分かり合えるように、一人ひとりが一歩行動してみましょう。

皆さん一人ひとりは大切な命を持ち、大切なあなたしか持っていない宝物を持っています。一人ひとり大切な存在です。誰一人としてばかにされたり、いじめられたり、いやがられたり、無視されてはいけないのです。誰一人放っておかれてはいけないのです。大切な大切な命を持った一人なのです。しかし、一人では持っている宝物、命を輝かすことはできないのです。あなたの隣にいる友達の、後ろに前にいる友達の顔をみてください。そして、その友達一人ひとりの宝物、良さをみつけてください。友達が持っている宝物、良さを共に大切にし合い、支え合う心がなければ、大切な命をもって生まれてきた友達の、そして、自分の命を、輝かすことはできないのです。

さあ、今すぐに行動しましょう。一人で悲しんでいる友達はいませんか?みんなの力で、みんなの命を輝かせましょう。みんなの力で一人の命を支え合い、輝かせ合う学校にしていきましょう。

七　附属小学校の皆さんと過ごした三年間の思いを込めて―平成二十六年度終了式―

平成二十六年度の終了証書を各学年の代表の方にお渡ししました。修了証書はそれぞれの学年で学んだことを終了したしるしです。

一年の皆さんはこの熊本大学教育学部付属小学校での一年間、楽しいことがたくさんありましたか?廊下で会うたびに私にたくさんお話をしてくれた一年生の皆さんでした。本もたくさん読みましたね。発表だって堂々とした発表がたくさんできるようになりました。一年生の皆さんの頑張りに私もいつも笑顔になりましたよ。もう二年ですね。四月にはかわいい一年生が入学してきます。やさしいお姉さん、お兄さんとしていろいろなことを教えてあげてくださいね。

二年生だった皆さんは中学年の三年生になりますよ。校長室に来てくれて絵本の読み聞かせをしてあげたとき、たくさんのお話をしてくれましたね。のびやかにたくさんお話をしてくれたことがとても心に残りました。三年生からは理科や社会科の授業が始まります。得意なお勉強を見つけてみてください。

いつも元気ではずんでいた三年生の皆さんは一つお兄さん、お姉さんになって四年生ですね。学校行事では、うさぎ狩りに初めて参加することになりますよ。自然の偉大さに触れて、自然と共に生きることについて考えてみてほしいとおもいます。

そして、四年生の皆さん、廊下であって先日お話をした四年生の皆さんが一番心に残ったことはうさぎ狩りのきつさと体育祭のかっこ良さと言っていましたね。四月からは上級生の五年生になります。うさぎ狩りも体育祭も上級生としてたくましく乗り切っていってほしいと思います。チャレンジすることによって学ぶことがたくさんありますよ。

そして、五年生の皆さん、いよいよ最上級生の六年生ですよ。

附属小学校は、皆さんたちの言動にかかっています。皆さんたちの責任ある言動によってこの附属小学校の輝きが決まってくるのです。心優しく頑張り屋の素敵な五年生の皆さんたちですから、この附属小学校をりっぱにリードしてくれると信じていますよ。

頼みますよ。

私が皆さんに最後に紹介する詩は、三年前にこの附属小学校に来たときに、皆さんに紹介した詩です。

つぼみ

みずかみ　かずよ

たったひとつの
ねがいをこめて
はだかのさくらは
たえてきた

つめたいゆきにも
こごえずに
なかのなかでは

もえながら

ほそいやさしい
そのえだに
ひゃくもせんもまんも
ちいさないのちを
ちりばめて
はだかのさくらは
ゆれてきた

いま
すきとおる
ひかりのなかで
ぴちぴちぴちぴち
はるのこえ

寒い冬を凍えながら耐えてきた桜は美しい花を咲かせますね。

厳しい寒さがあるから美しい花となるのです。皆さんはつらいこと苦しいことに出会うといやだなと思うことがあるでしょう。逃げ出したいと思うでしょう。しかし、つらいことや苦しいことがあるから、そこから逃げずにきちんと向き合うからこそ美しい願いごとがかなっていくのですよ。

この附属小学校に集まっている皆さん一人ひとりにはかけがえのない、あなただからこそもっている力があるのです。可能性があるのです。

皆さん一人ひとりの中に命が輝いています。皆さん一人ひとりの命はかけがえのない輝きをもっています。皆さんたちも、さくらの花が寒い冬も耐えて、たった一つの願い、美しい花を開かせますようにという願いをかなえていくように、願いをもってください。夢を描いてください。

たった一つの願い、夢でいいのです。その願いや夢をかなえることができるように、命を輝かせてください。

そして、一人ひとり素敵な熊本大学教育学部附属小学校の皆さんの一つ一つの小さな命と願いが百も千も集まって、附属小学校の大きな大きな願いと命になって輝いていってほしいと思います。

私の好きな歌の一つに「夢をあきらめないで」という歌があります。

その中の一節に、次のような文章があります。

「あなたの夢をあきらめないで　熱く生きる瞳が好きだわ　負けないように　悔やまぬように　あなたらしく
輝いてね　苦しいことに　つまずく時も　きっと上手に越えて行ける　心配なんてずっとしないで　似てる
誰かを愛せるから」

こんなことばです。

たった一つの願い、夢をあきらめずに追い求めてください。

附属小学校の皆さんたちの瞳がかがやき続けていくことを応援していきます。

おわりに

熊本大学教育学部附属小学校の校長を務めた三年間は、私にとって間近に子どもたちの事実に向き合いながら、小学校教育のあり方、附属小学校と附属中学校の連絡入学のあり方、授業研究のあり方などについて、附属小学校の先生方と共に考えを深める貴重な時間となりました。特に、平成二十二年から五か年計画で進めた「論理的思考力・表現力育成のためのカリキュラム開発」は、附属学校園と熊本大学教育学部、そして、熊本県・市教育委員会との連携事業のリーダーとして取り組み、私の人生の中でも貴重な体験となりました。どれも現代的教育課題として重要なものでした。

この取り組みで教科を横断する論理的思考力として研究し、本著でも紹介しました。「根拠―理由づけ―主張」の三点セットは、今や次期学習指導要領の議論が行われています中央教育審議会の委員さんからも注目されています。そして、全国で対話のある考え合う授業づくりのための論理的思考力のツールとして、全国へ広がっています。

何事もそうでしょうが、初めて行っていくときには、越えなければならないいくつもの壁があります。立ち止まってしまいそうになったとき、自分に言い聞かせたことは、「教育という営みは今すぐにその効果が生み出されるものではなく、後世の人たちによって厳しく判断されるものである。だから、後世になったときにその意味と価値をきちんと評価されるよう前に進んでいこう」ということでした。

そんなとき、私の心の中にいつも「紙風船」（黒田三郎）の詩が浮かんでは消えていました。

落ちて来たら
今度は
もっと高く
もっともっと　高く
何度でも打ち上げよう

美しい
願いごとのように

国語教育研究者として、どんなときにも、児童生徒、そして、学生たちが未来を生き抜く力を育てるために、紙風船を打ち上げていきたいと思います。その紙風船で打ち上げるものが、自分本位のものではなくて、児童生徒のためのものであったならば、多くの人たちに共感を呼び起こす「美しい願いごとのように」なっていくであろうと思います。

附属小学校で出会った子どもたちの未来が開かれていくように、多くの子どもたちの未来が開かれていくように願いつつ、研究者としての歩みをさらに進めていきたいと本書を綴りながら改めて思いを深めています。

本書を編纂している最中に、熊本地震が起こりました。厳しい自然災害のもと、子どもたちは、附属は、そして、熊本大学の学生たちをはじめ、お世話になった方々は大丈夫だろうかと何日間はほとんど何も手につかない状態でした。

心よりお見舞い申し上げます。

熊本地震の情報に接したときから私の中で、フライシュレン（山本有三訳）の「心に太陽を持て」の詩がずっと鳴り響いている。

心に太陽を持て

フライシュレン作
山本有三訳

心に太陽を持て。
あらしが　ふこうと、
ふぶきが　こようと、
天には黒くも、
地には争いが絶えなかろうと、
いつも、心に太陽を持て。
くちびるに歌を持て、
軽く、ほがらかに。
自分のつとめ、
自分のくらしに、
よしや苦労が絶えなかろうと、
いつも、くちびるに歌を持て。

苦しんでいる人、
なやんでいる人には、
こう、はげましてやろう。
「勇気を失うな。
くちびるに歌を持て。
心に太陽を持て。」

教育は社会の、未来の夢であり、希望です。被災した人々に希望を与えるのは、行為する力であり、人へ届ける言葉であると思います。国語教育研究者として、お世話になった熊本の教育にかかわる皆さん方に勇気を失わずに、教育の未来を開いていく勇気をもって頑張ってほしいと願っています。そして、熊本の地域にお世話になった一人として何ができるかを考え、模索していきたいと思います。

熊本の早い復興を心より祈りながら筆をおきたいと思います。

平成二十八年四月十七日

河野順子

転載作品一覧（掲載順）

黒田　三郎　「紙風船」
鶴見　正夫　「走る」「泳ぐ」
なかえよしを　「りんごがたべたいねずみくん」
村野　四郎　「樹　卒業する子への母の歌える」
北清水雄太　「卒業の日」
高村光太郎　「道程」
高田　敏子　「いち日に何度も……」
山村　暮鳥　「人間に与える詩」
谷川俊太郎　「みち4」
岡村　孝子　「forever」
竹内てるよ　「わたくし」
原田　直友　「はじめて小鳥がとんだとき」
大木　　実　「次郎」
百田　宗治　「夕やけ雲の下に」
中川季枝子　「ゆうき」
新沢としひこ　「ともだちになるために」
ケストナー　「飛ぶ教室」（池田香代子訳）
宮澤　賢治　「雨ニモ負ケズ」

工藤　直子　　「ライオン」
みずかみかずよ　「つぼみ」
フライシュレン　「心に太陽を持て」(山本有三訳)

【著　者】

河野　順子（かわの　じゅんこ）

白百合女子大学（学校教育学博士）
日本国語教育学会理事、日本読書学会理事
公立学校小学校教諭、広島大学附属小学校教諭、熊本大学教育学部教授、平成24年度から平成26年度まで熊本大学教育学部附属小学校長併任

最近の主な著書

・『＜対話＞による説明的文章の学習指導－メタ認知の内面かの理論提案を中心に－』2006年、風間書房
・『入門期の説明的文章の授業改革』（共著）2008年、明治図書
・『入門期のコミュニケーションの形成過程と限後発達－実践的実証的研究－』2009年、溪水社
・『国語科における対話型学びの授業をつくる』（共編著）2012年、明治図書
・『言語活動を支える論理的思考力・表現力の育成－各教科の言語活動に「根拠」「理由づけ」「主張」の三点セットを用いた学習指導の提案－』（共著）2013年、溪水社
・『論理的思考力・表現力を育てる言語活動のデザイン　小学校編』（共編著）2014年、明治図書
・『論理的思考力・表現力を育てる言語活動のデザイン　中学校編』（共編著）2014年、明治図書
・『言語コミュニケーション能力を育てる　発達調査をふまえた国語教育実践の開発』2014年、世界思想社
・『論理的思考力・表現力育成のためのカリキュラム開発－教科間連携、幼・小・中連携を視野に入れて－』（共著）2015年、溪水社
・『国語科教育実践の開拓と創造－吉田裕久先生とともに－』（共著）2015年、鯉城印刷株式会社
・『国語教育学研究の創成と展開』.（共著）2015年、溪水社

URL. http://www.kawano-lab.jp/index.html

美しい願いごとのように

平成28年12月25日　発　行

著　者　河野　順子

発行所　株式会社　溪水社
広島市中区小町1-4（〒730-0041）
電話082-246-7909　FAX082-246-7876
e-mail: info@keisui.co.jp
URL; www.keisui.co.jp

ISBN978-4-86327-375-7　C0037

好評既刊書

入門期のコミュニケーションの形成過程と言語発達 ――実践的実証的研究――

河野順子著　入門期の言語発達を、コミュニケーションの形成と説明的文章の学習指導における論理的思考力の発達、および書くことの指導原理に渡って、主に社会的アプローチから明らかにする。3,800円

論理的思考力・表現力育成のためのカリキュラム開発

――教科間連携、幼・少・中連携を視野に入れて――

熊本大学教育学部・四附属学校園 編　教科間連携と幼小中連携を視野に入れた論理的思考力・表現力育成のためのカリキュラム開発を目的とした５年間の連携事業成果。2,800円

言語活動を支える論理的思考力・表現力の育成 POD版

――各教科の言語活動に「根拠」「理由づけ」「主張」の三点セットを用いた学習指導の提案――

河野順子・熊本大学教育学部附属小学校　編著　対話や討論を適宜導入して授業を進める「論理科カリキュラム」の開発と実践。実践から考える思考力・表現力の育成への取り組み。2,500円

※本書はＰＯＤ（プリントオンデマンド）版の再版書です。POD版商品はAmazon、三省堂オンデマンドでのみご購入可能です。弊社への直接注文、書店・生協へのご注文はご利用いただけませんのでご了承ください。

お求めは最寄りの書店・大学生協で。表示価格には別途消費税がかかります。